Norbert Seibert, Helmut Wittmann, Helmut Zöpfl
unter Mitarbeit von Franz Igerl

Humor und Freude in der Schule

Norbert Seibert, Helmut Wittmann,
Helmut Zöpfl

unter Mitarbeit von Franz Igerl

Humor und Freude in der Schule

LA Verlag Ludwig Auer Donauwörth

THEMA ERZIEHUNG

Eine Schriftenreihe der Pädagogischen Stiftung Cassianeum in Donauwörth
herausgegeben von Helmut Zöpfl
und Helmut Wittmann

1. Auflage. 1990

Gesamtherstellung: Ludwig Auer GmbH, Donauwörth
ISBN 3-403-0**2036**-3

Inhalt

I. Grundlegendes

1. Humor und Freude in der Schule – in unserer Zeit?

Die verschiedenartigen Ausformungen und Strömungen der Zeit widersprechen scheinbar vordergründig unserer Forderung nach Humor und Freude in der Schule.
Akzentuierungen des persönlichen Lebens, der Gesellschaft und der Kultur verblassen in unserer schnellebigen Zeit ebenso rasch wie sie entstanden sind.
Sind wir am Ende unseres Jahrhunderts, nachdem wir dem Glauben an die Wissenschaften und die Vorstellung von der nahezu uneingeschränkten Machbarkeit Frondienste geleistet haben, in unserem Menschsein ärmer, weil sich dieser Glaube als Irrglaube erwiesen hat? „Die ungeheure Wissensvermehrung der letzten Jahrzehnte hat uns in den meisten der von einzelnen wie von der Gemeinschaft zu entscheidenden Fragen nicht kundiger und urteilssicherer gemacht. Das ‚Gewißheitswissen' dient der Beherrschung der Sachen, zur Gestaltung von Lebenssituationen hilft es wenig."[1]
Die rationale Aufrüstung der vergangenen Jahre hat wenig dazu beigetragen, den Menschen in seinen wesensgemäßen

1 Guggenberger, B.: Das Menschenrecht auf Irrtum. München, Wien 1987, S. 73.

Grundhaltungen zu fördern, denn „tagaktive Primaten mit großer Sehrinde, Augentiere, die wir noch immer sind, haben wir im Ergründen des Kleinsten wie des Entferntesten längst die eigene, durch Augenmaß bestimmte Dimension verlassen. Uns ist eine Welt jenseits des optisch Sichtbaren erwachsen, mit Gewißheiten, Gesetzlichkeiten und Gefahren, die unser Auge nie erblickt, mit Wirkungen, Tatsachen und Folgewirkungen aus Tiefen und Weiten einer Dimension, bei der die Hand im schicksalsträchtigen Akt des ‚Begreifens' ihre Rolle längst verspielt hat."[2]

Nicht nur das haptische Auffassungsvermögen des Menschen vom ‚Begreifen' zum Verstehen wurde durch den Einfluß der Übertechnisierung erheblich geschmälert, sondern das Lernen und Lehren schlechthin, da sie sich nicht an der ganzheitlichen Ausbildung des Menschen orientierten, führten dazu, daß die notwendige Einsicht nicht mehr aus der Erfahrungswelt des jungen Menschen stammt.

„Historisch neu und in den Konsequenzen noch gar nicht bedacht ist die Tatsache, daß die absolute Mehrzahl der Menschen in diesem Jahrhundert in einer Welt lebt, die, über das Gesamte ihrer Lebenserfahrungen hinweg, ganz überwiegend von ‚neuen' Typus Wissen bestimmt ist: vom Wissen ohne Erfahrung."[3]

Erfahrungsloses Wissen, eine Folge der ungeheuren Fortentwicklung auf technischem Gebiet, vermag vielleicht rationale Lösungsstrategien zu entwickeln und kausale Zusammenhänge aufzudecken, doch bringt es nicht die Fülle zum Vorschein, der der Mensch zur personalen Selbstverwirklichung bedarf.

„Ist Menschsein, verstanden als personale Selbstverwirklichung und Selbstentfaltung des Menschen, heute überhaupt noch möglich? Daß sich diese Frage so zugespitzt stellt, ist die Folge eines um sich greifenden Sinnverlusts, dem als unterschwellige Beunruhigung das Gefühl zugrunde liegt, daß alles auf den Ruin des Menschlichen hinarbeitet (...)"[4]

---

2 ebenda, S. 19
3 ebenda, S. 12
4 Biser, E.: Menschsein in Anfechtung und Widerspruch. Düsseldorf 1980, a. a. O., S. 7

Sinnleere entsteht, wenn der Mensch in seiner Anlage-Umwelt-Verschränkung keine ganzheitliche Ausbildung erfährt, wenn nur fachspezifisches Wissen gelehrt und abgefragt, der Mensch als Person in seinen Grundgegebenheiten aber nicht berücksichtigt wird. „Der Mensch ist eben viel mehr als nur ein Wesen der Intelligenz. Für die Intelligenz genügt die Dressur, das Menschsein bedarf der Erziehung – der Liebe. Unsere Schulen sind unter dem Einfluß des Darwinismus zu Intelligenzdressuranstalten entartet, wo sie Stätten der Bildung sein sollten."[5]

Humor und Freude in der Schule, also in Unterricht und Erziehung, sind nicht wegzudenken, wenn Erziehung als Hilfestellung zur positiven Bewältigung des Lebens verstanden wird. Ein Unterricht, der der Intention einer Wissenvermittlung verpflichtet ist, der Werthaltungen, Einstellungen und Gefühle bewirken möchte, damit Wissen im Sinne einer ganzheitlichen Bildung erfahren werden kann, muß nicht nur die konstituierenden Elemente Vertrauen, Wertschätzung, Anerkennung, Geborgenheit und Liebe vermitteln, sondern auch ein von Freude erfüllter Unterricht sein.

Sinnbejahende Erziehung ist weitestgehend an der Person des Lernenden orientiert. So gehört zu ihren zentralen Aufgaben, dem Kind und Jugendlichen zu einem (immer) tiefer gehenden Verständnis seiner selbst zu verhelfen. Dabei umschreibt der psychologisch und soziologisch gefaßte Begriff der Ich-Identität nur aspekthaft, was mit einer Erziehung zu sich selber gemeint ist. Notwendig erscheinen hier eine grundsätzliche Einsicht in die menschliche Natur, der Aufweis einer Entscheidungsmächtigkeit des einzelnen, das Erkennen der eigenen Möglichkeiten, Fähigkeiten und Grenzen, die Anbahnung eines Ja zum Dasein trotz aller seiner Härten, ein Hinführen zur Stellungnahme gegenüber den letztlich sinnbedrohenden Gegebenheiten des Lebens. Konsequentes Fragen nach dem, was der Mensch ist und was sein Leben ausmacht, führt über die Antworten der Wissenschaften hinaus zu Hoffnung und Glauben oder zur Verzweiflung. Unterricht, Erziehung und Bildung haben vom ganzen Menschen auszugehen und auf ihn

---

5 Müller, H.: Naturwissenschaft und Glaube. Bern, München, Wien 1988, S. 327

zurückzuführen. Sie müssen daher versuchen, ein Sinnganzes wieder stärker in den Blick zu bekommen.

2. Humor

„Ein humorloser Lehrer ist wie ein farbenblinder Maler"

Über Humor zu schreiben ist gar nicht leicht, denn je mehr man darüber spricht und ihn zu definieren versucht, desto mehr ist man in Gefahr, humorlos zu werden. Rudolf Presber meint sogar: „Humor ist, was man nicht hat, sobald man ihn definiert", denn Humor kann man nicht genau analysieren oder konstruieren oder lehren. Gott sei Dank, denn sonst wäre man nämlich vor einigen Jahren in unserer an Lernzielen überorientierten Pädagogik auf die Idee gekommen, Humor auf Richt-, Grob- und Feinziele hin zu operationalisieren und irgendwelche Humor-Curricula und Humortaxonomien zu entwickeln. Dabei wäre dann vielleicht folgendes Humor-Curriculum für zukünftige Büttenredner des rheinischen Karnevals herausgekommen:

Kognitiv: Mindestens fünf Karnevalsrufe benennen können, wie „Kölle-Alaaf", „Helau", „Humpa-Humpa-Tätärä",
Affektiv: Immer wieder Freude am Mainzer Karneval empfinden, auch über alte Witze lachen können,
Psychomotorisch: Schunkeln.

Höhere Lernleistungen wären dann im Sinne des Transfers, daß man Ostfriesenwitze auf bayerische Verhältnisse übertragen kann und das Willy-Millowitsch-Theater mit dem Komödienstadel vergleicht. Wer dies „Humor-Curriculum" mit Erfolg durchlaufen hat, wessen Humor-Zielkontrolle positiv ausgegangen ist, wer also den Humor-Test erfolgreich bestanden hat, könnte ein Humor-Diplom bekommen, das die Vorbedingung für den Doktor-humoris causa wäre.
Wenn wir nun trotzdem versuchen, dem, was Humor ist, auf die Spur zu kommen, beginnen wir mit einer nicht ganz legitimen Definitionsmöglichkeit, indem wir von der Überlegung ausgehen, was Humor nicht ist. Dazu kann man sich Leute vorstellen, die einem besonders humorlos erscheinen. Was sind das nun für Typen?

Als erstes fällt wohl der Typus des Fanatikers ein, der besessen ist von der Richtigkeit seiner Überzeugung und nur sich bzw. seine Meinung gelten läßt. Es ist starr auf etwas fixiert und vertritt es, ohne nach links oder rechts zu schauen. Alles, was von diesem Fixierpunkt abweicht, nicht in sein Konzept paßt, wird von ihm als störend empfunden. Solche Leute vertreten mit einem geradezu tierischen Ernst dogmatisch ihre Meinungen.

Ein anderer Typ der humorlosen Sorte ist der Bürokrat, der sich vor lauter Verordnungen und Papierkram ebenfalls den Blick für anderes verstellt hat. Alles ist ihm reglementiert, zementiert, alles muß in vorgegebenen Bahnen ablaufen. Willy Reichert hat einmal gesagt: „Ein Bürokrat ist ein Mann, der zunächst einmal ausgeschiedene Akten und Schriftstücke alphabetisch ordnet, um sie dann anschließend in den Ofen zu werfen." Heute müßte man vielleicht ergänzen: „Der vorher aber noch davon Fotokopien macht."

Dem Bürokraten eng verwandt ist der Pedant, der mit besonderer Akribie auf Details Wert legt und darüber leicht das Ganze vergißt. Humorlos ist schließlich auch der ständige Neinsager, der gegen alles ist, der überall ein Haar in der Suppe findet, ja, von dem man oft den Eindruck hat, er bestelle sich die Suppe überhaupt nur, um darin ein Haar zu entdecken.

Nun sollte man aber versuchen, ein paar positive Merkmale des Humors zu benennen. Humor ist zwar nicht unbedingt dort, wo man nichts mehr ernst nimmt, aber es ist doch auch eines seiner besonderen Kennzeichen, daß man sich nicht zu ernst nimmt. Ist es nicht geradezu eine spezifische Weise des Menschseins, eben nicht alles ganz und gar ernst nehmen zu müssen, vor allem nicht sich selber, sich und seine Sorgen nicht absolut zu setzen? Bischof Kelly sagt so treffend: „Wenn Du nichts mehr zu lachen finden kannst, so hast Du immer noch Dich selber."

Das bedeutet aber auch, daß man auch einmal seine eigenen Grenzen sieht und anerkennt. Gleichzeitig beinhaltet es, daß man in gewisser Weise über einer Sache steht. Man hat den genügenden Abstand zu etwas, und in diesem Sinne ist Humor dann eine Art Distanzgefühl. Wer über einer Sache steht, sieht bekanntlich mehr. Er ist auch der Großzügigere und gleichzeitig der Beweglichere, ohne daß dies mit Standpunktlosigkeit verwechselt werden sollte. Wer über einer Sache steht, sieht etwas aber auch einmal mit anderen Augen bzw. mit den Augen des anderen. Er versetzt sich in den anderen hinein, und damit ist schon aufgezeigt, daß Humor eigentlich nie verletzt, weil er den anderen, den Nächsten, miteinbezieht. Humor, dieses Wort kommt aus dem Lateinischen und heißt „das Feuchte". Es ist also etwas, das dem Starren entgegengesetzt ist, die Härte mildert, die Steifheit lockert, ein bißchen Öl, das hilft, daß etwas leichter geht, ein wenig Feuchtigkeit, die verhindert, daß etwas zu trocken und zu sachlich wird. Ein weiteres Bestimmungsmerkmal ist die Nähe des Humors zur Phantasie und zum Schöpferischen. Humor lebt aus der Kreativität, aus der Freude am Neuen. Phantasie verläßt eingefahrene Denkwege, ist durch Spontaneität und Originalität gekennzeichnet. Dies sind alles Merkmale, die auch auf den Humor zutreffen. Phantasie und Humor können aus alten traditionellen ausgeleierten Denkbahnen ausscheren. Sie sind nicht eingleisig, nicht fixiert, sondern warten geradezu mit etwas Unerwartetem auf. Sie setzen eine überraschende Pointe, sind nicht restlos verplanbar. „Wo Humor ausbricht", sagt Oliver Hassencamp, „welkt die Phantasie". Humor als „Flüssigkeit des Geistes" ist, indem er allem Starren, Stumpfen, Unbeweglichen gegenübersteht, auch in die Nähe eines Begriffes zu stellen, der in den letzten Jahren etwas verlorenzugehen schien: der Weisheit. Humor ist, wie schon gesagt, als eine Art „Darüberstehen" zu bezeichnen. Es ist aber auch ein Wesenszug des Humors, daß er weiterfragt, hinterfragt. Und da kann es sein, daß dieses Weiterfragen bis an die Grenzen unseres Menschseins gelangt, daß man wohl um die Gefährdung der menschlichen Existenz, um Leid und Tod weiß und trotzdem versucht, fröhlich zu sein, wie das so schön in dem alten Volksspruch, der Angelus Silesius zugeschrieben wird, steht:

„Ich kam, weiß nicht woher.
Ich bin, und weiß nicht wer.
Ich leb, weiß nicht wie lang.
Ich sterb, und weiß nicht wann.
Ich fahr, weiß nicht wohin.
Mich wundert's, daß ich so fröhlich bin."

Humor ist also nicht bloße Lustigkeit, obwohl es natürlich etwas Schönes ist, lustig zu sein, er ist mehr. Er unterscheidet sich auch von der Komik: „Humor ist die Kunst, den ernsten Aspekten die komischen Elemente abzuringen und sie mit Würde auszudrücken. Komik kann vor Tränen lachen lassen; Humor bringt Traurigkeit zum Lächeln. Das Belustigende der Komik liegt an der Oberfläche fröhlicher Dinge; das des Humors ist in der Tiefe ernster Dinge verborgen. Das Erheiternde der Komik wird mit Klamauk gesagt, das des Humors mit Ernst". So ist also Humor durchaus kein Gegensatz zum Ernst. Karl Jakob Burkardt schreibt sogar: „Der wirkliche Humor, der menschliche, ist etwas, was nur bei tiefernsten Menschen vorkommt, bei weisen, völlig unfanatischen Menschen." Daß man trotz des Wissens um Schmerzliches im Leben, trotz des Wissens um Unsicherheit und Fragwürdigkeit in unserer Existenz fröhlich ist oder sich zumindest um diese Fröhlichkeit bemüht, das, könnte man sagen, ist schon eine Art Definition des Humors. Ernst Petzold sagt: „Humor ist die Fähigkeit, heiter zu bleiben, wenn es ernst wird." Vielleicht kann Humor überhaupt nur da entstehen, wo man schon leidvolle Erfahrungen gemacht hat oder zumindest um diese Erfahrungen weiß. So sagt Siegmund Graff: „Humor setzt Wunden voraus, er ist eine Vernarbungserscheinung." Humor steht somit seltsamerweise ein wenig in der Nähe von Tränen und Leid. Daß man um die Gefährdung des Lebens weiß und trotzdem fröhlich bleibt, ist also kennzeichnend für den Humor. F. Beutelrock hat es sehr schön ausgedrückt, wenn er meint: „Humor ist, mit einer Träne im Auge, lächelnd dem Leben beipflichten." Humor kommt vom Herzen und geht zum Herzen, ist herzerfrischend. Er ist eine Gabe des Herzens. Rudolf Binding schreibt: „Humor ist eine Eigenschaft des Herzens wie die Liebe. Es gibt Menschen, die nicht lieben können; wahrscheinlich sind es dieselben, die keinen Humor haben." Wenn wir Erziehung als Lebenshilfe bezeichnen, dann ist Humor für die Erziehung etwas ganz Wesentliches, nämlich der „Schwimmgürtel auf dem Strom des Lebens" (Rabe). Während Ironie, Spott, Sarkasmus pädagogische Fehlhaltungen schlechthin sind, ist der Humor etwas zutiefst Menschliches. Er verletzt nie, ist nie destruktiv, läßt immer jemand gelten, toleriert, akzeptiert und ist versöhnlich. Er ist getragen von einer positiven Einstellung zum Leben und einem (trotzdem) Ja-Sagen zu einer letzten Sinngebung. Humor in der Pädagogik ist deshalb so wichtig, weil er hilft, daß wir den anderen mit all seinen Fehlern besser ertragen können, aber vielleicht auch unsere Fehler etwas erträglicher machen. Alles wird tragbarer, weil der Humor eine Art Auftrieb bildet, der uns ein wenig heraushebt. In diesem Sinne darf ich noch zwei Definitionen anfügen: „Der Humor rückt den Augenblick an die richtige Stelle. Er lehrt uns die wahre Größenordnung und die gültige Perspektive" (Erich Kästner). „Humor ist gesund... Humor gibt dir ein Gespür für die Dinge, wie sie sich zueinander verhalten und wieviel Gewicht ihnen zukommt. Lachen und Humor wirken sich aus, nicht nur auf deinen Stoffwechsel, sondern auch auf deine Umgebung. Lachen und Humor entlasten. Sie verringern Spannungen und Tränen. Sie befreien vom erdrückenden Ernst der bleiernen Probleme, von der erstickten Luft des Alltags. Lachen und Humor – das beste Mittel gegen Vergiftung von Geist und Herz. Lachen und Humor machen den Weg frei zu ungeahnter Lebensfreude." (Phil Bosmans).

3. Freude – Antrieb und Motor unseres Lebens

Freude heißt die starke Feder
in der ewigen Natur.
Freude, Freude treibt die Räder
in der großen Weltenuhr.

Friedrich von Schiller

Wenn wir, wie schon gesagt, unter Erziehung eine Lebenshilfe verstehen, so ist dieses Leben immer nur dadurch möglich, daß man es mit Humor betrachtet und aus und in Freude lebt. In der Pädagogik der 70er Jahre findet man den Begriff Freude kaum, da ging es nämlich vor allem darum, daß man mehr die Gegenbegriffe untersuchte, daß man sich Gedanken machte über Aggressionen, Frustrationen usw. Alle möglichen Formen psychischer Erkrankungen wurden zum Gegenstand von Büchern gemacht, aber das Gesunde wurde immer mehr in den Hintergrund gedrängt, ja, es bekam das Prädikat „heile Welt" und wurde damit eher zu einem negativen Begriff. In zunehmender Weise erlangte auch das „kritische Denken" eine besondere Färbung. Kritisches Denken ist nun sicher ein sehr wichtiges Ziel jeder Erziehung. Man darf aber dieses Wörtchen „kritisch" nicht nur von einer Seite her sehen. Kritisch kommt von dem griechischen Wort „Krinein" und heißt eigentlich „unterscheiden". Unterscheiden können ist aber etwas anderes als nur negativ darstellen. Heute wird kritisches Denken weitgehend unkritsch identisch gesetzt mit „etwas fertigmachen", „sich gegen etwas wenden". Viel wichtiger wäre es, daß man das kritische Denken im ursprünglichen Sinne, also als das Unterscheiden, versteht, d. h. aber dann, daß man Positives und Negatives aufzeigt. Da gibt es ein schönes Zitat von Erich Kästner: „Mit der Sonnenseite des Lebens hat man sich wenig beschäftigt. Der Dünkel der Denker bevorzugte stets das Dunkel, denn nur im Dunkeln sah man ihr kleines Licht leuchten." Sollten wir uns, damit wir Lebenshilfe leisten können, nicht mehr mit diesen Sonnenseiten beschäftigen, ohne dabei aber die Dunkelheiten übersehen zu müssen? Freude ist die Sonne, der Motor des Lebens! Lebenshilfe muß sich also bemühen, diesen Motor in Gang zu sezten und ihn in Gang zu halten. Die Freude ist ein Lebensfaktor und ein Lebenswert. „All unsere Zuwendung", sagt Ulrich Hommes, „muß im Grunde darauf gehen, dem anderen dazu zu verhelfen, daß er sich am Leben freuen kann." Nach Pascal ist der Mensch für die Freude geboren. Wer also in lebenwerter Weise leben will, braucht Freude, so wie Gras und Blumen die Sonne brauchen, um gedeihen zu können. Augustinus stellt fest: „Die Seele nährt sich an dem, an dem sie sich freut." Und Werner de Boer formuliert: „Wer tief froh ist, kann viel leichter gut sein". Dazu aber ist es notwendig, daß wir der Freude in der Pädagogik ihren gebührenden Platz geben bzw. aber auch die kleinen Freuden des Lebens wieder stärker sichtbar machen. Freude beginnt da, wo man die Tatsache, daß wir am Leben sind, nicht einfach als etwas Selbstverständliches hinnimmt, sondern sich darüber Gedanken macht, daß das Leben das größte aller Wunder ist. So besteht eine wichtige Aufgabe dieser Lebenshilfe darin aufzuzeigen, daß es eine großartige Chance ist, daß wir überhaupt das Licht der Welt erblickt haben und überhaupt auf dieser Erde sind. Der Philosoph Martin Heidegger hat einmal gesagt, ihn wundere am meisten, daß etwas sei und nicht vielmehr nichts. Denken wir nur einmal nach, wieviele Begegnungen notwendig waren, um in unserer Einmaligkeit geboren zu werden:

Grund zur Freude

Ich, Du, er, ihr und wir,
niemand kann was dafür,
daß uns einst das Leben
als Geschenk wurd' gegeben.

Denk bloß einmal dran:
hätt nicht irgendwann
der Großvater dort
genau an dem Ort
die Oma gesehen,
was wäre geschehn?

Es würd' keins von uns geben,
niemand wäre am Leben,
und uns allen ist klar,
daß wir um ein Haar,
meine Damen und Herren,
auf der Welt gar nicht wär'n.

Daß es jetzt aber Dich,
Euch, uns und auch mich
trotzdem gibt, diese Freud',
ja die feiern wir heut![6]

Freude ist in einer gewissen Weise Bescheidung auf etwas, aber auch auf jemand hin. Und hier kommt die in den letzten Jahren so sehr vernachlässigte Tugend der Treue besonders in den Blickpunkt. In engstem Zusammenhang sind damit Verantwortung für den anderen und Freundschaft zu nennen. Ist es nicht eine der wichtigsten erzieherischen Aufgaben, ein

6 Zöpfl, H.: Eine ganze Welt voll Wunder. Donauwörth 1989, S. 17

Bewußtsein dafür zu wecken, daß es nicht nur moralisch gut ist, zum anderen zu halten, sondern daß es auch Freude macht, wenn man zu jemand steht, sich nicht gleich durch irgendwelche Probleme und Schwierigkeiten vom gemeinsamen Weg abbringen läßt? Wenn heute immer wieder zu Recht von Friedenserziehung die Rede ist, dann beginnt diese doch im Nahbereich, gerade im Hinblick auf die Verantwortung und Treue: Daß man zu jemand hält, sich nicht gleich aus der Bahn werfen läßt, die Bereitschaft zur Versöhnung hat, das erste gute Wort findet usw.

Freude hat sehr viel damit zu tun, welches Verhältnis wir zur Zeit haben. Da gibt es sinngemäß den schönen Spruch im Buch Kohelet (3,1–11): Es hat alles seine Zeit, und alles Tun unter dem Himmel hat seine Stunde. Geboren werden hat seine Zeit, sterben hat seine Zeit, pflanzen hat seine Zeit, und ausreißen hat seine Zeit ... weinen hat seine Zeit, und lachen hat seine Zeit, klagen und tanzen, Steine wegwerfen und Steine sammeln, umarmen und getrennt sein, suchen und verlieren, behalten und wegwerfen, zerreißen und nähen. Schweigen hat seine Zeit, und reden hat seine Zeit. Wieviel Freude geht uns verloren, weil wir die Zeit, die wir als Geschenk bekommen haben, nicht zu nützen wissen. Weil wir sehr viel Zeit damit verbringen, Zeit zu sparen, weil wir die Zeit nicht Zeit sein lassen und weil wir uns nicht Zeit lassen. Das bedeutet aber auch, daß wir immer mehr verlernen, die Gegenwart, den Augenblick zu genießen, auch einmal im Augenblick aufzugehen, den Augenblick zu feiern. Hier gibt es eine kleine Geschichte, in der ein weiser Mann aus dem Osten einem westlichen Manager den Unterschied zwischen seinen und unseren Landsleuten in etwa so darlegt:

„Wen wir gehen, dann gehen wir. Wenn wir stehen, dann stehen wir. Wenn wir da sind, sind wir da." Als sein Gesprächspartner erstaunt fragt: „Ja, wo ist dann da der Unterschied zu uns? Auch wir gehen, stehen und sind da", antwortet der Weise: „Wir gehen wirklich, wenn wir gehen. Wir stehen wirklich, wenn wir stehen. Aber ihr denkt beim Stehen schon ständig ans Gehen und beim Gehen schon ständig ans Stehen. Und deswegen seid ihr nie da, sondern immer anderswo. Die Gegenwart kann nur genießen und sich darüber freuen, wer in dieser Gegenwart auch einmal da sein darf und nicht schon ständig an später denken muß." In diesem Sinne hat das Kind ein Recht, seine Gegenwart sinnvoll und verstehend zu leben und sich daran zu freuen. Das Verständnis der Gegenwart darf nicht erst stellvertretend aus dem Sinn oder gar nur der Zweckhaftigkeit des Erwachsenen oder einer Leistungszukunft bezogen werden. Gegenwart darf also nicht lediglich als Vorbereitung auf später verstanden und nur im Hinblick auf anderes gedeutet werden. Wo alles immer nur im Zusammenhang mit einem Später gesehen wird, verliert der Augenblick das Heute, die Gegenwart an Bedeutung, weil dem Jetzt die Freude entzogen wird, indem man den Blick immer nur auf die Zukunft richtet. Wie soll das spätere Leben denn eigentlich lebens- und liebenswert und freudvoll werden, wenn man vor lauter Schauen auf die Zukunft keine Gelegenheit hat, etwas Lebenswertes zu erleben, Freude am Augenblick zu erfahren, wenn alles nur seinen Sinn von einem noch nicht erfahrenen Später bezieht? Vor etwa 30 Jahren gab es ein Chanson mit folgendem Text:

Im Wartesaal zum großen Glück,
da warten viele, viele Leute,
warten seit gestern auf das Glück von morgen,
und leben mit Wünschen von übermorgen.
Und vergessen, es ist ja noch heute!
Ach, die armen, armen Leute!

4. Freude – Gabe und Aufgabe

Im Lehrplan für die Bayerische Grundschule finden wir folgenden wichtigen Satz: „Die Grundschule nimmt Zukunft und Gegenwart des Kindes gleichermaßen ernst. Erziehung und Unterricht bereiten auf künftige Anforderungen vor, tragen zur Bewältigung der Gegenwartssituation bei und geben dem Recht auf Kind-sein-Dürfen Raum." Leistungsdenken und Freude sind also alles andere als Gegensätze. Es geht aber in erster Linie darum, dem Kind-sein-Dürfen zu seinem Recht zu verhelfen, und es ist davor zu warnen, Kinder nur als „Mini-Erwachsene" zu sehen und Spiel nur als Funktionsertüchtigung, als Vorbereitung zur Arbeit und für den Ernst des Lebens gelten zu lassen. Ein Kind, das nie Freude in der Ge-

genwart und über die Gegenwart hat erfahren dürfen, wird auch für spätere Arbeiten und Leistungen keine Motivation erfahren können. Es vermag aus keiner freudvollen Kindheit zu schöpfen.
Freude ist Gabe und Aufgabe zugleich. Ja sie ist, wie Seneca sagt, sogar eine sehr ernste Sache. So sollte man sich gerade im erzieherischen Bereich nicht einfach eine frohe Laune erwarten, sondern versuchen, Dinge aufzuspüren, aufzupicken, wie es Theodor Fontane sagt, die Anlaß zu Freude sein können. Die Freude steckt bekanntlich nicht in den Dingen, meint Therese von Lisieux, sondern im Innersten unserer Seele. Wir brauchen also keineswegs kritiklos die Augen zu verschließen vor den bestehenden Mängeln in und um uns, aber wir können diese Mängel nur überwinden, wenn wir uns dieses Treibstoffes „Freude", dieses Lebenselexiers, bedienen. Und das beinhaltet eben dieses positive Erkennen im scheinbar Negativen. Freude können wir nicht einfach machen, herstellen, aber wir können uns für sie offenhalten. „Wer der Sonne entgegenwandert", sagt Fritz Woike, „läßt den Schatten hinter sich". Freude hängt sehr viel davon ab, daß wir lernen, das Wunderbare in dieser Welt zu sehen, bzw. daß wir wieder Staunen lernen. In diesem Zusammenhang sei nochmals ein Kindergedicht angeführt.

Worüber ich staune

Daß die Sonne stets am Morgen
nach der dunklen, finstern Nacht
aufgeht, und am Himmel oben
ihre helle Runde macht.
Welche Fülle, welches Leben
in dem kleinsten Samen steckt,
daß im Frühling aus der Erde
neues Leben sich aufreckt.
Und der Baum, gerade kahl noch,
wieder grüne Blätter bringt,

daß aus einem harten Felsen
eine frische Quelle springt.
Daß aus einem Ei ein Vogel

schlüpft und ganz lebendig ist,
daß durch meinen ganzen Körper
Blut und Kraft und Freude fließt,
daß ich in die Welt geboren,
daß es gibt uns, Dich und mich,
daß ich leben darf und staunen,
über all das staune ich.[7]

Es ist uns eine wichtige Aufgabe in der Erziehung, diese freudvollen Entdeckungen weiterzugeben, den anderen an unseren Entdeckungen teilnehmen zu lassen, scheinbar Unscheinbares in seiner Großartigkeit aufzuzeigen, scheinbar allzu Selbstverständliches als etwas Schönes und Dankenswertes wieder zu entdecken. In diesem Sinne steht Freude mit zwei Grundeinstellungen in engstem Zusammenhang: der Bescheidenheit und der Dankbarkeit.

Bescheidenheit ist eigentlich eine Grundweise unseres Menschseins. Jemand, der die Freiheit des Menschen ernst nimmt, weiß auch, daß der Mensch das Wesen ist, das sich ständig neu bescheiden muß. Man denke an die Sage von Herakles auf dem Scheideweg, der von den drei Göttinnen drei verschiedene Wege vorgezeichnet bekam, aber wußte, daß er nur einen dieser Wege gehen könne. Bescheidenheit bedeutet, daß man sich auf etwas konzentriert, bei einer Sache bleibt, einer Sache treu ist. In den letzten Jahren war so viel von Wechsel und Veränderung die Rede. Sind aber Veränderungen und Wechsel tatsächlich Freudenspender? Ist es nicht eine Freude, daß man bei einer Sache bleibt, sie zu Ende bringt, ein Erfolgserlebnis gekommt? Allgemein bekannt ist eines unserer größten Probleme, die heutige Konzentrationsschwäche junger Menschen, die nicht zuletzt in der Medienvielfalt begründet ist. Freude entsteht nun da, wo man lernt, bei etwas zu bleiben, eine Sache ganz zu erfassen, d. h. mit allen Sinnen, aber auch mit sämtlichen Aspekten, die diese Sache bietet. Erziehung in und zur Freude ist damit eigentlich begründet in einer Bescheidung auf kleine Dinge, aufs Detail. Dann freilich muß versucht werden, immer wieder Sinnzu-

7 Zöpfl, H.: Eine ganze Welt voll Wunder. Donauwörth 1989, S. 50

sammenhänge aufzudecken und das größere Ganze zu sehen. D. h. man muß ständig darauf hinweisen, daß es sich lohnt, bei einer Sache, bei einem Menschen zu bleiben, daß das Leben eine Gabe, aber gleichzeitig eine Aufgabe ist. Eine Aufgabe ist aber nicht automatisch etwas Negatives – wie das hin und wieder auch in den letzten Jahren propagiert wurde –, sondern etwas Erfreuliches, so daß es sich lohnt, an der Vollendung dieses Lebens, dieser Welt mitzuarbeiten. Ist nicht einer dieser Freudenhemmer der, daß wir alles ins Utopische gesteigert, dem Kind viel zu viele überfordernde „Weltaufgaben" vorgesetzt und es zu wenig darauf hingewiesen haben, wie jeder von uns etwas dazu beitragen kann, daß das Leben lebenswert bleibt, ja vielleicht sogar noch lebenswerter wird? Gerade im Umweltbereich können wir immer wieder feststellen, daß in den letzten Jahren, vor allem im pädagogischen Raum, ein oft sehr falscher Weg verfolgt wurde. Umwelterziehung bedeutet nämlich nicht, nur mit Verboten zu arbeiten, sondern dazu zu motivieren, die Umwelt mitzugestalten. Wo man dem Kind ein Bild einer total zerstörten Umwelt zeigt, wird es resignieren. Wichtig ist es, zuerst die Freude an dieser schönen Welt, an der Natur, an der Schöpfung zu wecken, denn Freude ist vielleicht die Urmotivation schlechthin zur verantwortlichen Mitgestaltung dieser Welt. In diesem Zusammenhang sei hier wieder ein Kindergedicht angeführt:

Es kommt auf mich an ...

Das erste gute Wort zu finden,
ein Licht im Dunklen anzuzünden.
Ein bißchen lächeln, freundlich schauen,
dem Leben wieder mehr vertrauen.
Mit offenen Augen rumzugehen,
das viele Gute, Schöne sehn,
Wald, Wiese, See, Natur zu achten
und nicht als Müllplatz zu betrachten.
Nicht nur ans eigene Wohl zu denken,
dem anderen Geduld zu schenken.
Denn was nicht recht ist, sich zu rühren
und sich für Gutes engagieren.
Es kommt auf mich an,

es kommt auf Dich an,
damit die Erde
noch besser werde.
Es kommt auf mich an,
es kommt auf Dich an,
daß wir im Leben
ein Beispiel geben.[8]

Wenn wir vom „Lernen der Freude“ sprechen, kann man von einer Freudenerziehung reden. Dabei wählen wir zwei Hauptaspekte, die uns auch pädagogisch weiterhelfen: Freude ist ein Geschenk, und Freude ist eine Aufgabe.

4.1 Freude – ein Geschenk

Zunächst erleben wir Freude wie eine glückhafte Überraschung, wie ein plötzliches Aufleuchten eines Lichts, nicht geplant und nicht erwartet. Ein lieber Mensch kommt unverhofft zu Besuch, ich erhalte ein kleines, eigentlich unscheinbares Geschenk und verstehe es als Zeichen der Zuneigung. An einem trüben Regentag steht plötzlich ein leuchtender Regenbogen am Horizont – Freude erfaßt mich wie eine beglückende, unverhoffte Gabe.

Dabei beweist die Erfahrung, daß es nicht auf Größe, Bedeutsamkeit, ökonomischen Wert der Gabe oder des Ereignisses ankommt. Ausschlaggebend sind die Gesinnung, die innere Haltung, die Herzlichkeit und das freundliche Wohlwollen, das sich ein Zeichen gewählt hat. Nur so werden eine Gabe oder ein Ereignis Freude wecken können, die Freude ist ihnen keineswegs immanent. Darum ist es denkbar, daß die gleiche Gabe statt Freude auch Ärger, statt Überraschung Gleichgültigkeit bringen kann.

Wenn demnach Freude an eine wohlwollende Haltung, an eine gute Meinung gebunden ist, wie ist es dann zu verstehen, daß etwas, bei dem kein personaler Hintergrund erlebbar oder sichtbar ist, doch auch Freude auslösen kann?

Die Dürer-Bilder in der Alten Pinakothek in München, der Anruf in der 9. Beethoven-Symphonie, aber auch ein strahlen-

---

8 Zöpfl, H.: Eine ganze Welt voll Wunder. Donauwörth 1989, S. 59

der Sonnenaufgang, der überraschende Fernblick von einem Gipfel aus, die Schönheit eines blühenden Flieders können ein großes Glücksgefühl in mir wecken. Wer ist da der gute Geist, ohne den der Frohsinn des Gemüts unangerührt bleibt? Die Antwort liegt nicht sehr ferne: Bei Kunstwerken ist es zunächst der schaffende Künstler, auch wenn er seit Jahrhunderten schon tot ist, immer aber ist es der gute Schöpfer aller Weltdinge.

4.2 Freude – eine Aufgabe

Freude kann uns wie ein unverdientes Geschenk zufallen, und wir können dafür nur danken und wieder danken. Aber für unsere eigene Existenz und nicht weniger für die Erziehung ist es wichtig, daß wir Freude auch bewußt herbeirufen, gleichsam wecken und zum Aufleuchten bringen können. Von den vielen Möglichkeiten sollen nur drei Aspekte angesprochen werden: Freude am eigenen Ich, Freude durch Mitmenschlichkeit, Freude durch psychische Steuerung.

4.2.1 Freude am eigenen Ich

Wenn es heißt: Du sollst deinen Nächsten lieben wie dich selbst, so ist die Selbstliebe dabei eingeschlossen. An mir selbst und mit mir selbst soll ich Freude erleben. Das geschieht vor allem, wenn ich jeder Bequemlichkeit entsage und tätig werde, wo immer es meinen Möglichkeiten entspricht. Der musische Bereich ist hier besonders angesprochen. Ich freue mich, bin glücklich und froh, wenn ich spiele und musiziere, singe und lese, oder auch, wenn es mir gegeben ist, tanze, Sport treibe, schwimme und wandere, bastle und werke und manch anderes mehr. Bei den Alten galt Traurigkeit als Sünde. Der heilige Thomas gab den Traurigen den Rat, nicht nur durch Gebet, Betrachtung und geistliche Lieder die Traurigkeit zu vertreiben, sondern einfach zum Baden zu gehen. Daß eigene Aktivität zur Freude führen kann, läßt sich schon physiologisch erklären: Die Durchblutung des ganzen Körpers wird verbessert, die Sauerstoffzufuhr gesteigert, Puls und Herzschlag werden gekräftigt. Doch das mögen die Physiologen genauer erweisen.

4.2.2 *Freude durch Mitmenschlichkeit*

Wenn es dem Menschen gemäß ist, daß er erst am anderen zum Menschen wird, am Mitmenschen seine eigene Menschlichkeit immer voller und reicher entdeckt, in seiner ganzen Existenz, leiblich, materiell und seelisch, auf den anderen angewiesen ist, dann gilt dies mit Vorzug auch für die Freude. Ich erlebe die schönste Freude erst dann, wenn ich mich von meiner natürlichen Ichsucht löse und mich dem anderen zuwende. Wer schenkt, hat manchmal mehr Freude als der Beschenkte; wer selbstlos dem anderen in einer Not, einer Verlegenheit, beisteht, erlebt selbst ein Stück Befriedigung; wer unter Streitenden Frieden gestiftet hat, kann glücklich sein; wer dem anderen Anerkennung schenkt, erntet oft selbst als Antwort Anerkennung. Vor allem soll die Sprache nicht gering geschätzt werden. Indem ich meine eigene Freude, meine eigenen positiven Gefühle ausdrücken und dem anderen mitteilen kann, wächst, wenn die Gemeinsamkeit gut ist, die Freude in einen größeren Umkreis hinein. Mitfreuen ist eine Tugend, die der Versuchung des Neides widersteht. Und wenngleich die Aktivitäten im musischen Bereich auch allein für mich Freudebringer sein können, so sehr wird ihre Wirkung gestärkt, wenn wir miteinander spielen, zusammen singen und musizieren, gemeinsam wandern, und was der Möglichkeiten noch viele sind.

4.2.3 *Freude durch psychische Steuerung*

Was hier gemeint ist, läßt sich – ausnahmsweise – vielleicht am besten mit einem Fachwort der Psychologie sagen. Es geht um die „determinierenden Tendenzen". Diese besagen, daß auf Grund bestimmter Aufgabenziele und Motivationen in einer Langzeitwirkung gewisse Vorstellungen, Wahrnehmungen und Handlungen besonders begünstigt werden. Diese Möglichkeit der Selbststeuerung wird gewöhnlich als Vorsatz bezeichnet. Auf die Freude bezogen heißt dies: Ich nehme mir mit guten Gründen vor, in der nächsten Zeit, möglichst sogar in einem von mir selbst bestimmten Zeitraum, bei allem, was mir begegnet und mich betreffen könnte, nur das Gute, das Bessere, das Erfreuliche zu registrieren. Meine ganze Erlebniswelt kann so heller, froher, freudvoller werden. Aber wie sollte ich einen solchen Vorsatz begründen? Als ein Stück seelischer Hygiene? Das wäre zu wenig. Zur Freude werde ich mich am ehesten ermutigen, wenn *ich vom Sinn des Lebens, vom Sinn meines Lebens überzeugt bin.* Das schließt ein, daß ich von mir loskomme, mich offen der Mitwelt und den Mitmenschen zuwende und hoffentlich anderen Menschen oder einer Person mit besonderer Liebe zugetan bin. Solche Kategorien entsprechen aber gleichzeitig denen der Freude: die ungezwungene Offenheit gegenüber Mitwelt und Umwelt, *die Bejahung alles Geschaffenen* und damit auch, reflektiert oder kaum bewußt, *der vertrauende Glaube* zu dem, der die Welt erschaffen hat und in seinen gütigen Händen hält. Wie nahe die christliche Glaubenswelt zur Freude steht, zeigt schon die Bibel: Fleißige Exegeten haben ausgezählt, daß in dem Buch der Bücher 79mal das Wort Freude vorkommt.

„Ich freue mich jeden Morgen, wenn ich aufstehe, ob die Sonne scheint, ob es regnet oder schneit, denn wenn ich mich ärgere, dann ändert sich das Wetter nicht, aber ich habe davon den Schaden an Leib und Seele." (Tiroler Bergpfarrer)

Doch Freude erlernen – ist dies nicht eine Unmöglichkeit? Vergnügen, Heiterkeit, Lust lassen sich vorplanend erfassen, aber doch nicht die Freude, so könnte man meinen. Aber es gibt Parallelen zum Freude lernen. „Glauben lernen" heißt das Buch eines Religionspädagogen, und dabei ist doch Glauben im eigentlichsten Sinn eine Gnade, ein Geschenk. Thomas von Aquin schrieb: „Liebe selbst ist ein Wissen", und wenn wir bedenken, wie Torheit und Unbelehrbarkeit die Liebe ins Elend führen können, dann erscheint es nicht unberechtigt zu sagen, Liebe sei selbst auch auf Einsicht angewiesen und der Tugend der Klugheit (im Sinne von Thomas) nahe.

Humor und Freude in der Schule sind nicht etwas in der Erziehung Hinzukommendes, nachträglich Aufgepfropftes, sondern gewisserweise sogar ihre Basis, ja das Prinzip des Pädagogischen. Daher muß es möglich sein, daß in der Schule Lerninhalte stärkere Berücksichtigung finden, die besonders geeignet sind, Freude zu machen, die humorvoll oder kreativitätsfördernd sind. Das gilt natürlich im besonderen für den Deutsch-, Kunsterziehungs-, Sport- und Musikunterricht,

aber alle anderen Unterrichtsfächer können ebensolche Möglichkeiten bieten, auch vom Lehrgut her etwas Heiteres, Humorvolles erleben zu lassen. Dabei ist es gleich, ob es sich um lustige Rechenaufgaben, Zahlenspiele im Bereich des Mathematikunterrichts, Anekdoten im Geschichtsunterricht, die oft überraschend gut eine historische Persönlichkeit neu beleuchten, oder um den Humor der Völker, im Geographieunterricht angesprochen, usw. handelt. Wenn gerade von kreativitätsfördernden Lerngegenständen die Rede war, Phantasie und Kreativität als Grundzüge des Menschen angesprochen wurden, dann müßten sich Unterricht und Erziehung wesentlich mehr um die Förderung derselben bemühen. Das bedeutet aber, daß man dem Originellen, Individuellen mehr Raum schaffen sollte. Bei aller Berechtigung von Planung, Operationalisierung und Kontrolle muß der Schülerpersönlichkeit immer wieder die Möglichkeit zur Entfaltung und Originalität gegeben werden. Eine Reihe von Fragen kann Anlaß zu einer Art Gewissenserforschung von Lehrern und Eltern sein:
Welche lustigen Vorschläge bringen die Schüler? Gebe ich ihnen Raum? Lachen wir öfter gemeinsam? Welche Spielzeuge bevorzugen die Kinder? Wie schaut es mit dem Fernsehverhalten aus? Welche Fragen stellen die Schüler? Gehe ich darauf ein? Bekommen die Kinder Erfolgserlebnisse? Wie steht es mit dem Spielverhalten der Schüler? Bin ich bereit, auch einmal einen Unterrichtsplan umzustoßen, wenn sich die Situation gerade ergibt? Wie beginnt der Unterricht? Wie klingt er aus? Wie beginnt die Woche? Wie geht sie zu Ende? Sicher muß nicht jeder Tag mit einem Witz eingeleitet werden. Aber bestimmt lassen sich da und dort Möglichkeiten finden, mit einem frohen Gedanken einzustimmen. Man könnte es durchaus auch einmal den Schülern überlassen, hier selbst fündig zu werden. Die alte Regel, daß ein Unterrichtstag, an dem nicht wenigstens einmal herzlich gelacht wurde, ein verlorener ist, hat auch heute bzw. gerade heute noch seine Gültigkeit. Freude und Humor lassen sich, wie gesagt, nicht genau planen. Aber man kann sich doch von Anfang an bemühen, Situationen zu entdecken, in denen Freude „stecken“ könnte, bzw. aufzupassen, woran Kinder besonders Freude haben. Es ist immer wieder angeklungen, daß Humor und Freude weitgehend eine Grundhaltung des

Erziehers darstellen müssen. Eine solche Grundeinstellung wirkt sich automatisch auf den Unterrichtsstil des Lehrers aus. Der Erzieher, der Humor hat, nimmt aber weder sich noch manches scheinbar so Wichtige tierisch ernst. Er steht ein wenig über der Sache, ist in diesem Fall dann eben kein bloßer Pedant oder jemand, der den anderen ironisch oder gar sarkastisch „fertigmacht". Aus einer solchen Grundeinstellung ergeben sich fast automatisch die Wesensmerkmale eines personalen Erziehungsstils. Wie für das meiste im Erzieherischen gilt auch hier die Feststellung, daß das Entscheidende das Vorbild ist. Dazu ist es also notwendig, daß man immer wieder seine eigene Einstellung zum Leben überprüft und sich die Frage stellt, ob man sich überhaupt noch am Leben freut. Kann ich dem Leben trotz seiner Probleme, die wir jeden Tag sicher neu erleben, einen letzten Sinn abgewinnen? Bemühe ich mich überhaupt um diesen Sinn? Nur wer selbst das Leben als etwas Lebenswertes betrachtet und sich darum bemüht, dieses Lebenswerte immer wieder neu zu entdecken, kann Lebenshilfe leisten. Freude steckt ja bekanntlich an. Wir sollten uns bewußt sein, daß es manchmal ganz gut ist, ansteckend zu sein. In diesem Sinne darf ich als Denkanstoß noch einige Zitate nennen.

„Wir machen uns Sorgen, wie wenn wir 1000 Jahre zu leben hätten. Bemühen wir uns doch immer wieder um den sanften Humor des Herzens, der es versteht, über die Welt, die lieben Mitmenschen und sich selbst zu lächeln und ein klein wenig über den Dingen zu stehen." (Nico)

„Gott hat Humor, sonst hätte er den Menschen nicht geschaffen." (Chesterton)

„Der Mensch, so wie ihn Gott gedacht und wie die Dichtung und Weisheit der Völker ihn manche 1000 Jahre verstanden hat, ist geschaffen mit einer Fähigkeit, sich zu freuen an Dingen, auch wenn sie ihm nicht nützen, mit einem Organ für das Schöne." (Hermann Hesse)

5. Strukturelle Bedingungen für Humor und Freude in der Schule

Damit Humor und Freude als tragende Prinzipien in der Schule Wirklichkeit werden können, sind eine Reihe von Voraussetzungen zu berücksichtigen, die hier auf fünf Schlagworte reduziert werden sollen: wohnortnahe Schule, richtige Schule, lebensnahe Schule, kindgemäße Schule und offene Schule. Es ist legitim, d. h. es entspricht der Gesetzeslage, z. B. Bayerischer Verfassung, Gesetz über das Erziehungs- und Unterrichtswesen (BayEUG), Volksschulgesetz, Lehrpläne etc., wenn gefordert wird, Schule solle lustbetonter Raum sein. Hier ist durchaus ein Zusammenhang herstellbar zur Würde des Menschen, zur Würde der Person, was insbesondere für eine auf dem christlich-abendländischen Denken und Wertesystem aufbauende Schule gilt. Daher könnte über die folgenden Ausführungen die These gestellt werden: „Schule soll und will für den Schüler lustbetonter Lebens- und Lernraum sein – jedoch ohne Last geht es nicht immer!“

Um Irrtümern vorzubauen sei angemerkt, daß es nicht darum geht, ein idealistisches Bild von Schule zu entwickeln, sondern realistische Möglichkeiten aufzuzeigen, wie Freude und Humor im Kontext des schulischen Bildungsauftrages zu sehen sind, der nicht nur aus Kinderwünschen und Kinderträumen zusammengesetzt ist, sondern auch die Erfahrung von Kindern miteinschließen muß, daß die Welt eben nicht immer so ist, wie man sie vielleicht gerade gerne hätte. „Kinder und Jugendliche haben ein Recht darauf zu erfahren, daß schulische Anforderungen nicht nur etwas Bedrückendes und Leistung durchaus etwas Beglückendes sein können, daß die Anerkennung von Autorität nichts mit Unterwürfigkeit zu tun hat, daß das Einhalten von Regeln zwar nicht immer bequem, für das menschliche Zusammenleben aber unerläßlich ist. Und schließlich sollten wir unsere Kinder und Jugendlichen auch dadurch ernst nehmen, daß wir uns mit ihren Lebensentwürfen auseinandersetzen, diese Entwürfe an uns prüfen und ausprobieren lassen. Der Dialog der Generationen ist nicht nur ein Austausch von Freundlichkeiten, er ist auch ein Ringen um Konzepte. Diese Auseinandersetzung

im Dialog, dieses „Sich-Reiben-Können" an der Generation der Eltern und Lehrer dürfen wir unseren Kindern und Jugendlichen nicht vorenthalten, auch wenn es Nerven kostet und manchmal recht mühsam ist" *(Hans Zehetmair 1988).*
Im übrigen ist es hinsichtlich des Einflusses, den Schule auf unsere Kinder und Jugendlichen hat, einmal wert, über die zeitliche Dimension von Schule nachzudenken. Ein 15jähriger Schüler hat bei rd. 37 Wochen zu je 32 Stunden mit je 45 Minuten rd. 900 Stunden Unterricht pro Jahr. Dem stehen über 4000 Stunden (nach Abzug von Schlaf- und Essenszeiten etc.) an Einflußmöglichkeiten außerhalb der Schule gegenüber. Nur zwei Folgerungen sollen hier daraus abgeleitet werden: Einmal, daß Schule nicht alle die Defizite ausgleichen kann, – die durch welche Gründe auch immer – außerhalb von Schule entstehen, also vor zu großen Erwartungen und ständig neu herangetragenen Anforderungen an den „Reparaturbetrieb Schule" zu warnen ist, zum anderen, daß Schule angesichts der Vielfalt von Lernerfordernissen aus gesellschaftlicher, naturwissenschaftlicher, sozialer, politischer etc. Sicht mit der ihr zur Verfügung stehenden Zeit planvoll und haushälterisch umgehen muß.

5.1 Wohnortnahe Schule

Angesichts der stark zurückgegangenen Schülerzahlen ist die Erhaltung der wohnortnahen Schule eine bildungspolitische Herausforderung; dies gilt insbesondere für die Grundschule. Bei zumutbaren Entfernungen ist ein schulisches Angebot zu machen, das auf die unterschiedlichen Bildungsbedürfnisse der einzelnen Schüler eingeht. In Bayern ging die Schülerzahl in den vergangenen zehn Jahren in der Grundschule um rd. 295 000 Schüler zurück, in der gleichen Zeit wurden 29 Schulen aufgelöst. D. h. lediglich pro 10 000 Schüler erfolgte *eine* Schulschließung. Bayern kann sich zugute halten, daß die „wohnortnahe Schule" stets einen wesentlichen Stellenwert eingenommen hat und auch bei den jüngsten Schulreformen (mit wenigen Ausnahmen) zum Tragen kam. Die neueste Schülerprognose des Kultusministeriums belegt, daß es ein „Schulsterben" größeren Ausmaßes auch in Zukunft in Bayern nicht geben wird, da die Schülerzahlen bis zur Jahrtau-

sendwende gegenüber dem heutigen Stand wieder deutlich ansteigen. Die Sicherung und Erhaltung eines engen Schulnetzes wird als eines der wichtigsten bildungspolitischen Anliegen angesehen.
Die pädagogischen Vorteile einer Kongruenz des Lebens- und Lernraumes Schule mit dem Erfahrungsraum des Schülers liegen auf der Hand: Neben den zeitlichen Einsparungen des Schülers sind hier vor allem eine lebendigere und effektivere Unterrichtsgestaltung sowie eine Bereicherung des Schullebens anzusprechen. Allein die Erfahrungen aus dem für zwei Schuljahre geltenden Leitthema „Heimat bewußt erleben" zeigen, daß die wohnortnahe Schule die beste Voraussetzung für die Vermittlung von Heimatbewußtsein darstellt, das Eingebettetsein in einen christlich geprägten Lebensraum mit all seinen vielfältigen Fixpunkten im Tages-, Jahres- und Lebensablauf verstärkt und somit auch den pädagogischen Freiraum des Lehrers hinsichtlich der Verwirklichung von Freude in der Schule erweitert und mit zusätzlichen didaktischen Möglichkeiten ausstattet. So kann z. B. das Miterleben von Sitte und Brauchtum, das Einbeziehen der Schule in den Jahreskreis kirchlicher und profaner Feiern und Feste für den einzelnen Schüler und eine Schule insgesamt viele interessante und lustvolle Aufgaben und Betätigungen mit sich bringen.

5.2 Richtige Schule

Eltern wünschen sich für ihr Kind den besten Schulabschluß; und sie wollen natürlich, daß es ihrem Kind in der Schule gut geht. Das ist legitim und verständlich. Angesichts der gegenüber früher veränderten Verteilung der Schüler stellt sich jedoch die Frage, ob der dem Kind aufgebürdete Weg zum vermeintlich besten Abschluß letztlich der sicherste und für das Kind glücklichste ist. Eine grobe statistische Übersicht zeigt, daß vor rund 20 Jahren noch etwa 60% der Schule der 8. Jahrgangsstufe die Hauptschule besuchten. Hier sind es knapp unter 40%. Diese Differenz von rd. 20% der Schüler verteilt sich etwa zu gleichen Hälften auf Gymnasium und Realschule. Dabei ist die Situation in Bayern im Vergleich zum Bundesdurchschnitt noch als eher positiv zu betrachten.

Allzu oft ist feststellbar, daß im berechtigten Streben der Eltern nach der bestmöglichen Schule für ihre Kinder wichtige Aspekte hinsichtlich der richtigen Schule für ihre Kinder außer Betracht bleiben.

- Die schulische Ausbildung in den einzelnen Schularten ist gleichwertig, wenn auch nicht gleichartig. Deshalb ist jeder schulische Abschluß auch gleichzeitig ein Anschluß für eine zusätzliche oder weitere Ausbildung. So kann der Hauptschüler, wenn er entsprechend leistungsmotiviert ist, entweder diese Leistung im Rahmen seiner beruflichen Ausbildung oder auch durchaus in darauf aufbauenden schulischen Bildungsgängen in Erfolg umsetzen.
- Erfolg und damit auch Zufriedenheit und Freude in und mit der Schule hängen aber wesentlich davon ab, ob ein Schüler *die* Schulart besucht, deren Anforderungen seinen Leistungen und Neigungen entsprechen. Wenig Freude wird ein Schüler empfinden, der sich langweilt, weil er unterfordert ist, aber auch der ständig überforderte Schüler wird sich nicht wohlfühlen bzw. Mißerfolg verspüren. Hier wird Schule zur Last. Einem Erwachsenen muten wir es kaum zu, daß er jahrelang eine Arbeit verrichtet, der er eigentlich nicht gewachsen ist. Gehen wir auch mit Kindern so um?

Ein aus welchen Gründen auch immer in seiner Schullaufbahn fehlgeleiteter Schüler wird trotz intensivster Bemühungen seiner Lehrer schwer zur Freude in seiner Schulart finden. Daher kann hier Schule nicht genug an Orientierung, Beratung und auch Überzeugungsarbeit gegenüber den Eltern leisten. Letztlich sind sie es ja, die als Entscheidungsträger für die Schullaufbahn der Kinder wichtige Markierungspunkte setzen. Möglicherweise bringen die Veränderungen auf dem Gebiet des Arbeitsmarktes, die Gegensätze, die sich zwischen dem „Ausbildungssystem Schule" und dem „Abnehmersystem Wirtschaft" abzeichnen, eine seit über 25 Jahren (vgl. 1963: Veröffentlichung von Picht „Die deutsche Bildungskatastrophe") feststellbare und sich verstärkende Tendenz wieder etwas ins Lot.
Die Wahl einer Schulart, die dem Leistungsvermögen und dem Leistungswillen eines Kindes entspricht, ist also eine

Grundvoraussetzung für Erfolg und damit auch für Freude in der Schule. Nach Art. 128 der Bayer. Verfassung hat jeder Bewohner Bayerns „Anspruch darauf, eine seinen erkennbaren Fähigkeiten und seiner inneren Berufung entsprechende Ausbildung zu erhalten". Das bayerische Schulsystem bietet eine breite Palette verschiedener Schullaufbahnen, die eine weitgehende Rücksichtnahme auf die Anlagen und Interessen der einzelnen Schüler ermöglicht. Die Schulberatung steht den Eltern als Entscheidungshilfe und damit auch schulische Erziehungshilfe zur Verfügung; sie wird als Schullaufbahnberatung und als individualpsychologische Beratung durchgeführt. Der einzelne Lehrer wird in seinen Aufgaben von Beratungslehrern, Schuljugendberatern und Schulpsychologen unterstützt. Ein wie auch immer geartetes Übertrittsverfahren von der Grundschule in weiterführende Schulen kann und soll gegenüber dem Erziehungsrecht der Eltern und der daran gekoppelten Verantwortung für die Erziehung der Kinder immer nur in Grenzen steuern und reglementieren. Daher kommt der Information und Beratung der Eltern eine entscheidende Bedeutung zu. Was dann, wenn jedoch der fachlich fundierte, pädagogisch wohlgemeinte Rat des Lehrers der abgebenden Schule nicht akzeptiert wird? Die Anamnesen von Schülern mit einer fehlgeleiteten Schullaufbahn müssen alle am Verfahren Beteiligten nachdenklich stimmen. Es muß gelingen, über die unterschiedlichen Schularten hinweg einen stärkeren Konsens hinsichtlich der gemeinsamen Verantwortung gegenüber dem Schüler zu erreichen und mögliche Einzelinteressen der jeweiligen Schulart zurückzustellen. Wenn es gelingt, die Maxime „Wahl der richtigen Schulart für jeden Schüler" in die Praxis umzusetzen, ist ein wichtiger Meilenstein in Richtung Freude in der Schule – auch gerade in weiterführenden Schulen – geschaffen. Gute Erfahrungen liegen hierzu von Arbeitsgemeinschaften der Schulleiter unterschiedlicher Schularten auf regionaler Ebene vor, wie sie z. B. in der Bekanntmachung des Bayerischen Kultusministeriums vom 4. 8. 1988 empfohlen sind.

5.3 Die lebensnahe Schule

Freude und Motivation der Schüler werden auch in dem Maße wachsen, in dem es gelingt, Lernziele und Lerninhalte lebensnah zu formulieren und zu verwirklichen. Dies bedeutet, daß der Lernstoff in Bezug zum Schüler steht oder – soweit möglich – zu bringen ist. Hier ist der wichtigste Auftrag von Schule angesprochen, Hilfen zur Sinnfindung des einzelnen Schülers zu vermitteln.

Unsicherheit, Ratlosigkeit und die Art, wie junge Menschen oft um einen Standort in ihrem Leben ringen, geben Zeugnis davon, daß der Wettkampf um Leistung und das Streben nach Erfolg als Lebensinhalt nicht genügen. Schule will und darf nicht als bloße Schaltstelle für die Vergabe von beruflichen und sozialen Positionen mißverstanden werden. Aus Art. 131 Abs. 1 der Bayer. Verfassung ergibt sich ein klarer Auftrag: „Die Schulen sollen nicht nur Wissen und Können vermitteln, sondern auch Herz und Charakter bilden."

Die Forderung an die Pädagogik, sich an sittlichen Wertmaßstäben auszurichten, wird besonders in der heutigen Zeit immer dringlicher, in der wir erkennen müssen, daß vieles von dem was der Mensch Dank seiner intellektuellen Fähigkeiten in Wissenschaft und Forschung verwirklichen könnte – erinnert sei hier beispielsweise an die Gentechnologie – moralisch nicht mehr zu verantworten ist. Die Lerninhalte und Lernziele sind in ihrer Verwirklichung durch den Lehrer auch und gerade hinsichtlich ihres Gehaltes an Wertmaßstäben auszuschöpfen. Es liegt im Wesen von Erziehung nach dem christlichen Menschenbild, daß der Lehrer Erziehung als „Bildungshilfe" versteht, d. h. als Hilfe bei der Selbstverwirklichung und Entfaltung des einzelnen Schülers. Dies bedeutet, daß die Einflußnahme des Lehrers im Sinne der Außensteuerung des Schülers umso stärker zurückzunehmen ist, je mehr der Schüler in der Lage ist, kraft Eigenverantwortung und eigenem Antrieb (abhängig von Lebensalter und individueller Situation) über sich selbst zu bestimmen. Auf Lehrplan und Unterricht bezogen enthält dies die Forderung nach Inhalten, die den Schüler möglichst motivieren, zumindest aber seinem Lebens-, Erfahrens-, Interessen- und Bedürfnisbereich entsprechen. Ein Blick auf die vorliegenden Lehrpläne von Grund-

schule und Hauptschule sowie Umfragen bei Schülern, Lehrern und Eltern zeigen, daß die Forderung nach einer lebensnahen Schule in den Lehrplänen weitgehend berücksichtigt ist.
Gerade die Verstärkung des Unterrichts im Sinne der obersten Bildungsziele der Bayerischen Verfassung und der Hinführung zu einem sinnerfüllten Leben hat in der bayerischen Grund- und Hauptschule eine hohe Priorität. Die jüngst erfolgten Akzentuierungen, z.B. zur Belebung des Schulgebets (vgl. Maßnahmen, Hinweise und Anregungen des Bayerischen Kultusministers), die von den beiden großen Kirchen im Zusammenwirken mit dem Kultusministerium erarbeiteten und verabschiedeten „Leitsätze nach den gemeinsamen Grundsätzen der christlichen Bekenntnisse", das Jahresthema „Heimat bewußt erleben" oder die Belebung des Schulspiels (Bayer. Schulspieltage der Volks- und Sonderschulen) belegen dies eindrucksvoll. Die bayer. Lehrpläne sind richtig interpretiert, wenn der zu ca. 20% vorhandene Freiraum miteinbezogen wird. Dieser Freiraum ist eine amtliche Vorgabe sowohl für die Lehrplanmacher, um eine stoffliche Beschränkung der Lehrpläne zu erreichen, als auch für den Lehrer, um ihm Raum für aktuelle Situationen oder örtlich bedingte Themen und pädagogische Maßnahmen zu geben.
Diesem Freiraum kommt auch unter dem Gesichtspunkt Gestaltung des Schullebens als einem komplexeren Erfahrungs- und Betätigungsfeld aller an der Schule beteiligten Personen besondere Wertigkeit zu. Der Lehrplan für die Hauptschule bringt daher eine Reihe von Anregungen und führt u.a. aus: „Ein vielseitig anregendes, menschlich förderndes, jugendgemäßes Schulleben umfaßt sowohl den Unterricht als auch außerunterrichtliche Aktivitäten... Feste und Feiern religiösen Inhalts, Wanderungen, Fahrten und Schullandheimaufenthalte, Aufführungen, Ausstellungen, sportliche Wettkämpfe und andere Ereignisse bereichern als Höhepunkte gemeinsamen Schaffens den Schulalltag und geben Gelegenheit, in der Gemeinschaft Fröhliches und Besinnliches zu erleben."
Schulleben ist also nicht nur das von Zeit zu Zeit veranstaltete Schulfest oder der Wandertag; es findet vor allem im Schulalltag statt, in der täglichen Begegnung, im Miteinander von Lehrern und Schülern, von Lehrern miteinander, von

Schülern miteinander, von Schule und Eltern. Es betrifft den Unterricht, die Pausen, das Klassenzimmer, das Lehrerzimmer, Schulhof und Turnhalle. Schulleben ist nichts Statisches, sondern etwas, das im Konsens der in der Schule Handelnden immer wieder neu gestaltet werden muß. Schulleben kann also nicht verordnet werden; die Äußerungen des Lehrplans stecken nur den Gestaltungsrahmen ab. Immer geht es darum, die motivierende Kraft der Eigenaktivität des Schülers pädagogisch zu nutzen. Daher muß gerade bei Arbeitsgemeinschaften und Projekten, aber auch bei Schullandheimaufenthalten, Wanderungen und Fahrten den Schülern die Möglichkeit gegeben werden, sich in Planung und Durchführung in starkem Maße selbst einzubringen.

„Es ist für das Kind besonders wichtig, daß es in der Schule gleichberechtigt neben dem Ernst auch die Freude erfahren kann. Die Humanität unserer Schule ist sicherlich auch daran zu messen, ob sie dem Schüler Gelegenheit bietet, sich zu freuen, mit anderen zu lachen, zu spielen, zu tanzen" (Bichler, A. In: Schulreport 6/1981 S. 1 ff.). Die Palette ist weit gespannt von Schulfeiern zu besonderen Anlässen, über Ausstellungen, Tag der offenen Tür, Tag/Woche des Schülers bis hin zu Projekten etwa im Rahmen des Umweltschutzes (vgl. ISB, 1986 Umweltaktivitäten an den bayerischen Schulen). Hierbei spielt der Schulleiter als Katalysator und Initiator von Veranstaltungen eine entscheidende Rolle.

Freiraum im Sinne eines lebendigen Schullebens verhilft der Schule zur Erfüllung eines in dem Maße bisher nicht bestehenden sozialpädagogischen Auftrages, der ihr jedoch angesichts der Defizite in der familialen Erziehung und angesichts der Einflüsse etwa durch Medien und Technisierung in steigendem Maße zuwächst. Wenn heute ein Großteil unserer Kinder aufgrund der Situation in der Familie religiös sprachlos und beziehungslos (vgl. Katholische Nachrichtenagentur) aufwächst, dann kann man nicht von der Schule erwarten, daß sie diese Defizite ausgleichen kann; Schulleben im Sinne der Lehrpläne von Grundschule und Hauptschule bietet jedoch dazu eine Reihe konkreter Ansätze und Hilfen an.

5.4 Die kindgemäße Schule

Schulorganisation, Lehrplan, Lernen in kleinen Klassen – all das mag für lustbetontes Lernen in der Schule förderlich sein, die entscheidende Kompetenz ist und bleibt beim Lehrer. Wenn die Erziehung vom lebendigen Miteinander lebt, muß auch der Lehrer er selbst sein können, sich selbst einbringen, seine Interessen, seine Stärken, seine Überzeugungen, seine Entscheidungen und auch sein Engagement. Es ist keine Frage, daß die vorliegenden Lehrpläne dem Lehrer ein hohes Maß an Freiheit und damit verbundener Verantwortung für die Gestaltung seines Erziehungs- und Unterrichtsauftrages zubilligen. Darüber hinaus hat der Lehrer um seine Vorbildfunktion zu wissen: „Wer Herz und Charakter des Schülers bilden soll, muß selbst beides haben und vermitteln wollen. Der Lehrer muß Profil haben. Nur so kann sich der Heranreifende seine eigene Persönlichkeit formen. Jedoch ist der Lehrer nicht Prophet mit eigener Botschaft, sondern Diener des Ganzen, der Verwirklichung des Verfassungsanspruchs verpflichtet. Nicht der unpolitische Lehrer ist verfassungskonform, sondern der, der dem Anspruch seiner besonderen Treuepflicht aktiv nachkommt. Der Lehrer darf weder politisches Neutrum noch Ideologe sein" *(Hans Zehetmair, 1987).* Wie wichtig der „Variable Lehrer" ist und im Erziehungsgeschehen immer war, bestätigt Weinert, Max-Planck-Institut für Psychologie, München: „Es sind nicht mehr schulorganisatorische Maßnahmen, Lehrplanrevisionen, spezielle Lehrmethoden oder technische Hilfsmittel, von denen man sich eine nachhaltige Verbesserung der pädagogischen Situation verspricht, sondern es ist der Lehrer, von dem man sich das erhofft."

Kindgemäße Schule heißt auch, daß der Lehrer seine Freiheit in der methodischen Gestaltung des Unterrichts in pädagogischer Verantwortung zu nutzen weiß. Der Methodenvielfalt sind nicht durch den Lehrplan Grenzen gesetzt, sondern eher durch Bedingungen, die vom Schüler, von der Situation und der Fachlichkeit der Methode ausgehen. Während im Anfangsunterricht der ersten Jahrgangsstufe durchaus spielorientierte Lebens- und Lernformen in Anlehnung an die Erfahrungen des Kindes im vorschulischen Bereich ihre Berechtigung und Notwendigkeit haben, wobei Kindergarten und Grundschule in der Zusammenarbeit der letzten Jahre viel voneinander gelernt haben, nehmen mit steigender Jahrgangsstufe fachspezifische Arbeitsweisen zu. Aber auch auf dieser Altersstufe und auch in der Hauptschule haben spielorientierte Elemente im Unterricht ihre Bedeutung. Und hierzu gehören auch Formen des entdeckenden Lernens, des Suchens und Forschens, des Lernen durch Versuch und Irrtum. In einer Reihe von Handreichungen z. B. zum projektorientierten Unterricht, hat das Staatsinstitut für Schulpädagogik und Bildungsforschung eine Fülle von Vorschlägen und Ideen zu handlungsorientiertem Lernen in unseren Schulen vorgelegt. Im übrigen gehört es zur Tradition von Grund- und Hauptschule, daß ihre Lehrer dem ganzheitlichen Prinzip verbunden sind, das ständig bemüht ist, horizontale Verbindungen zwischen den Fächern oder Fachbereichen im Sinne einer kindgemäßen Unterrichtsgestaltung herzustellen und zu verwirklichen.

5.5 Die offene Schule

Offene Schule soll hier verstanden werden als eine Einrichtung, die in enger Wechselwirkung mit ihrer Umgebung steht, insbesondere mit anderen pädagogischen Institutionen, voran dem Elternhaus aber auch „benachbarten" Bildungsinstitutionen. Dies wäre etwa auf die Grundschule bezogen die Zusammenarbeit mit dem vorgelagerten vorschulischen Erziehungsbereich (vor allem Kindergarten), mit den der Grundschule nachfolgenden Bildungsinstitutionen (vor allem Hauptschule und Gymnasium), den parallel zur Grundschule für Kinder mit besonderem Förderbedarf eingerichteten Schulen für Behinderte und Kranke sowie mit sozialpädagogischen Einrichtungen zur ganztägigen Betreuung von Schülern (wie Horte und Tagesheime). Besondere Bedeutung kommt der vertrauensvollen Zusammenarbeit mit den Eltern zu. Dabei gilt es auch Formen der Zusammenarbeit auszubauen, die über die Normalverfahren Elternsprechstunde, Elternsprechtag, Elternbrief hinausgehen. Unter dem Gesichtspunkt Freude in der Schule sei an dieser Stelle auch einmal ein Wort an die Eltern von Schülern erlaubt: Ein Lehrer kann in der Schule

eher Freude vermitteln, wenn er auch selber Schule als positive, erfüllte berufliche Tätigkeit empfindet. Hierzu können auch Eltern beitragen, indem sie beispielsweise die Zusammenarbeit mit dem Lehrer vertrauensvoll gestalten, mögliche Kritik ausgewogen und sachlich und nicht in Form von kleinlicher Überwachung der unterrichtlichen Arbeit des Lehrers einbringen, den Lehrer auch einmal in seiner Arbeit anerkennen und bestärken, die Autorität des Lehrers nicht untergraben, sondern das Vertrauen der Kinder zu ihm fördern, sich bei Fragen und Problemen direkt mit ihm und nicht mit „übergeordneten Instanzen" über ihn auseinandersetzen, gemeinsame Vorhaben von Schule und Elternhaus bei der Vorbereitung und Durchführung unterstützen, letztlich sich als wichtigster Partner von Schule und in enger Wechselwirkung mit ihr zu verstehen.
Diese Partnerschaft sollte in umgekehrter Weise von der Schule so ernst genommen werden, daß sich auch Elternvertreter nicht selbst als Einrichtung, die lediglich bei der Planung und Durchführung von Schulfesten eine Funktion habe, fehlinterpretieren dürfen. Dem einzelnen Lehrer kommt auch unter diesen Gesichtspunkten eine Vorbildfunktion zu. Nach wie vor ist der Lehrer und damit auch die Schule – gerade im ländlichen Raum – als Kulturträger wirksam. Die Zeiten von Wilhelm Busch's Lehrer Lempel der zur Aufbesserung seines kargen Salärs die Orgel „schlagen" mußte, sind – Gott sei Dank – längst vorbei. Aber auch heute nehmen viele Lehrer ihren kulturellen Auftrag, der über die Schule hinausreicht, voll wahr. Sei es als Leiter von Kirchenchören, Blaskapellen, Volksmusik- und Volkstanzgruppen; sei es als Trainer oder Jugendleiter im örtlichen Sportverein, sei es bei Naturschutz oder Einrichtungen der Ersten Hilfe; den Lehrer an Volksschulen finden wir hierbei an vielen Orten in ehrenamtlicher Tätigkeit. Nicht der Vereinsmeier, der Hans-Dampf in allen Gassen ist gefragt, sondern der fachlich vorgebildete, beratende, mit den Belangen des ländlichen Raumes vertraute Fachmann auf einem bestimmten Gebiet. Offene Schule meint aber auch die „pädagogische Öffnung" des Unterrichts. Die Lehrpläne für die bayerische Grundschule und Hauptschule bieten dazu eine Reihe von Möglichkeiten wie z. B.

- Situationsorientiertes Aufgreifen von besonderen Ereignissen im Tagesverlauf, Wochenendgeschehen
- Unterrichtsgänge, Exkursionen
- Besondere Projekte, Vorhaben in Verbindung mit Umweltschutz, Schulgarten etc.
- Betriebserkundung und Betriebspraktika als Hinführung zur Arbeitswelt
- Kunst, Musik, Spiel, Feste als Beitrag zum Schulleben
- Soziale Verwirklichung z. B. durch mitmenschliche und nachbarliche Hilfen.

Das Staatsinstitut für Schulpädagogik und Bildungsforschung hat in der jüngst erschienenen Handreichung „Gemeinsames und individuelles Lernen" eine Fülle von praktischen Beispielen auf der Basis der gültigen Lehrpläne zusammengestellt.

Zusammenfassend ist festzustellen, daß eine Darstellung unserer Schulen als düstere Zuchtanstalten, in denen griesgrämige Lehrer den Kindern die Freude am Leben vergälen, ein gewollt oder durch Ignoranz entstandenes Zerrbild wiedergeben. Vielfach ist Schule als Stätte freudigen und lustbetonten Lebens und Lernens keine Utopie mehr, sondern Realität. Einzugestehen ist, daß manches noch besser gemacht werden könnte und sollte. Eine objektive Analyse der dem Unterricht zugrundeliegenden Lehrpläne belegt, daß die Voraussetzungen für eine schülerorientierte und jugendgerechte Umsetzung des gesetzlichen Auftrages der bayerischen Schulen geschaffen sind. Diese Umsetzung hat im Geiste der Bayerischen Verfassung zu erfolgen, unter Berücksichtigung des Schülers als personelle Ganzheit, als Geschöpf mit Kräften des Verstandes, des Willens und des Gemüts und eines auf „religio" (Rückbindung des Menschen an Gott) angelegten Wesens. Dabei kann Schule auf Leistung nicht verzichten. Diese Leistungsforderung kann dann zur Last werden, wenn z. B. die Forderung „Schick Dein Kind in die richtige Schule" nicht erfüllt wird oder Leistungsmessung und -bewertung sich nicht pädagogischen Zielen unterordnen, sondern Eigenleben entfalten. Sind diese Rahmenbedingungen erfüllt, ist für Humor und Freude in der Schule Raum geschaffen. Wenn die Praxis mancherorts noch mehr oder minder weit von diesem

Ziel entfernt ist, so ändert dies nichts an der Verbindlichkeit der anzustrebenden oder vorgegebenen Richtung.

II. Humor und Freude im Unterricht

1. Vorbemerkungen

Erinnern wir uns an unsere eigene Schulzeit zurück, hören wir Kindern zu, wenn sie über die Schule sprechen, oder kommen wir zufällig mittags an einer Schule vorbei, wenn die Schüler lärmend und tobend das Gebäude verlassen, wird wenig von dieser Freude deutlich. Allzu gerne dienen Schule, Unterricht und Lehrer als willkommene „Objekte“, an denen man seinen Mißmut auslassen kann. Allzu selten wird die Verbindung von Freude mit Schule, mit Unterricht und mit engagierten Lehrern gesehen, weil vielleicht noch die Vorstellung herrscht, daß Humor und Freude in das pädagogische Abseits verdrängt sind und nicht direkt in den Unterricht und das damit verbundene Schulleben gehören. Wenn überhaupt, dann erinnert man sich an Lehrer, die humorig sein wollten und an einer festen Stelle im Unterrichtsablauf zu der entsprechenden Thematik Jahr für Jahr den gleichen Witz anbrachten und dabei nicht merkten, daß sich auf Schülerseite die einschlägigen „didaktischen“ Späße dieses oder jenes Lehrers bereits herumgesprochen hatten. Oder aber es wurden – in der streng wissenschaftsorientierten Zeit – einmal im Monat wichtige Minuten vom Unterricht „abgezwackt“, um in einer „Witzstunde“ eine gemütliche Atmosphäre der Ausgeglichenheit zu erzeugen, bevor dann in der restlichen Zeit in

methodisch schnelleren Schritten der Verlust wieder aufgeholt wurde.
Allzu leicht verbindet sich auch der Geruch in unseren Schulhäusern mit einem unangenehmen Gefühl; es erinnert vielleicht an ein Krankenhaus oder eine Zahnarztpraxis, in denen Keimfreiheit von Notwendigkeit ist, Unordnung durch das tägliche Leben in der Schule aber von mangelnder Führungsqualität des Schulleiters zeugt. Laufen, Pfeifen, Singen und Tanzen während der Pause passen nicht zum Gesamteindruck einer Anstalt des öffentlichen Rechts, die sich der Erziehung und Bildung unserer Kinder verschrieben hat.
Alternative Schulmodelle erfreuen sich eines regen Interesses, da die Schüler hier auf unterschiedliche und vielfältige Weise besser auf das Leben nach der Schule vorbereitet würden. „Freie Arbeit" und „Offener Unterricht" sind Schlagworte unserer Zeit. Fachwissenschaftliche Veröffentlichungen darüber stehen neben solchen, die die althergebrachte Schule als eindimensionalen Lernort anprangern und abqualifizieren. Erfahrungen, wie sie etwa Stefan Zweig zum Ausdruck gebracht hat, treffen auf große Zustimmung: „Dunkel erinnere ich mich, daß wir als Siebenjährige irgendein Lied von der fröhlichen, seligen Kinderzeit auswendig lernten und im Chor singen mußten. Ich habe die Melodie dieses einfachen, einfältigen Liedchens noch im Ohr, aber sein Text ist mir schon damals schwer über die Lippen gegangen und noch weniger als Überzeugung ins Herz gedrungen. Denn meine ganze Schulzeit war, wenn ich ehrlich sein soll, nichts als ein ständiger gelangweilter Überdruß, von Jahr zu Jahr gesteigert durch die Ungeduld, dieser Tretmühle zu entkommen. (...) Und der einzige wirklich beschwingte Glücksmoment, den ich der Schule zu danken habe, wurde der Tag, da ich ihre Türe für immer hinter mir zuschlug."[9]
Wollen wir uns nicht weiter den Vorwurf der Eindimensionalität, der Zwangsanstalt Schule, in der es nichts zu lachen gibt, gefallen lassen, ist es dringend angeraten, sich auf spezifisch menschliche Qualitäten zu besinnen, die den Menschen in seinem Menschsein unterstützen. Dabei müssen Hinder-

9 Zweig, S.: Die Welt von gestern. Erinnerungen eines Europäers. In: Hellpach, W.: Erzogene über Erziehung. Heidelberg 1954, a. a. O., S. 151 f.

nisse überwunden werden, die gegen die Meinung ankämpfen, daß Unterricht an sich schon mit Freude verbunden ist, wenn durch humoristische Einlagen eine gewisse gelöste Atmosphäre erreicht wird. Vertrauen, Wohlwollen und gegenseitiges Verständnis entstehen nicht in einem Raum, in dem nur ab und zu etwas Freude und ein bißchen Humor neben sonst harten Leistungsanforderungen und brutalem Konkurrenzkampf übergestülpt werden. Freude als Grundhaltung und Kriterium zur Wesensbestimmung des Menschen muß immanent vorhanden sein. Sie sollte aus der Art der Unterrichtsgestaltung dem methodisch-dramaturgischen Geschick bei der Lehrererzählung, einer plötzlichen Provokation bei scheinbar einfachem Lösungsweg, bei ehrlicher Bekräftigung einer schwer lösbaren Sachaufgabe deutlich werden. Lehrende, die dieses Wissen praxisrelevant umsetzen, behaupten sich erfolgreich dagegen, daß der dabei entstehende Lärm, verursacht durch Arbeit und Anstrengungsbereitschaft, nicht die notwendige Arbeitsdisziplin, ebenso Voraussetzung für Lehren und Lernen, untergrabe. Diese Betriebsamkeit, die wiederum die Freude als Motor, als inneren Drang zur Tätigkeit, ausweist, ist mit einem von Jean Paul gebrauchten Bild zu vergleichen, der die Wirkung der Freude sehr anschaulich beschreibt: „Wie die Pflanze nicht gedeihen kann ohne das Licht und die Wärme der Sonnenstrahlen, so kann das Kind sich nicht entwickeln ohne das Licht und die Wärme und die Kraft der Freudenstrahlen. Das voll intakte Kinderland ist wirklich ein Land der Freude, ein Freudenland."
Daraus darf jedoch nicht gefolgert werden, daß im Rahmen der Unterrichtsgestaltung ein Zustand anzustreben sei, der sich durch permanente Freude auszeichnen müsse, daß das Kind von einer Freude in die andere falle und dabei blind werde für die Anforderungen des Schulalltags. Freude ist in ihrer Vielschichtigkeit so facettenreich, daß es neben den kleinen, inneren eigentlichen und privaten Freudenerlebnissen genug Ausdrucksmöglichkeiten gibt für gemeinsame Freudenerlebnisse, für Freudenschreie, für überschwengliche Freude, die alle in ihrer Gesamtheit dazu beitragen, den Menschen in seiner Persönlichkeit umfassend zu bilden.
Unterricht hat neben seiner formalen Aufgabe, der Wissensvermittlung und der Stärkung der Sachkompetenz, die Ver-

wirklichung des Erziehungsauftrags entsprechend zu gewichten! Erzogen werden kann aber nicht in einem luftleeren und wertneutralen Raum. Es sind Lehr- und Lerninhalte notwendig, die durch ihren Eigengehalt, die didaktisch-methodische Aufbereitung des Lehrstoffs und die Vorbildwirkung der Lehrperson dazu beitragen, daß sich Arbeitsgedanken und Werthaltungen verfestigen können. Gerade dieses Zusammenwirken von Unterricht und Erziehung kann und muß genutzt werden, um der Freude den ihr gebührenden Rang zuzugestehen. „Wenn die Freude als solche etwas so Umfassendes und tief Verankertes ist, und wenn sie etwas Leuchtendes und Bereicherndes und Zentrales und Bedeutsames im Menschsein des Menschen ist, und wenn sie sogar etwas ist mit religiös-metaphysischer Leucht- und Wirkkraft, dann drängt sich doch unabweisbar der Gedanke auf, daß es notwendig ist, möglichst viel von dieser Freude auch in unsere Schulen und hier im besonderen in unsere Unterrichtsgestaltung hineinleuchten und hineinwirken zu lassen, dorthin also, wo es um die Bildung des Menschen zum vollen und eigentlichen Menschsein geht."[10]

Mißverstanden würde diese These so interpretiert, daß die Freude nur dazu benutzt würde, um den Unterricht freudvoller, also reibungsloser, mit weniger Schwierigkeiten behaftet, planen, vorbereiten und durchführen zu können. Ziel ist es vielmehr, durch einen mit und von Freude getragenen Unterricht neue Freuden zu schaffen, zu wecken und zu fördern, die den jungen Menschen dazu befähigen, eigene, aus seiner Persönlichkeit erwachsende Freudenerlebnisse zu entwickeln, spürbar zu machen und weiterzugeben. Unterricht, der lediglich durch gezielte Späße und Humoresken auflockern möchte, hält den Schüler in einem bloßen passiven Frohgestimmtsein gefangen. Er befähigt nicht, Eigenaktivität und lustbetonten Drang zu entwickeln, um die notwendige Kraft des Umgestaltenwollens zu aktivieren.

Wenn Freude weiterhin nur dazu benutzt werden sollte, um die daraus erwachsende Aktivität für den Lernprozeß einzuplanen, ohne ihr den entsprechenden Eigenwert zuzugeste-

10 Schramm, A.: Fruchtbare Unterrichtsgestaltung und Freude. Meisenheim am Glan 1962, S. 17

hen, kommt es notwendigerweise zu erhöhten Anforderungen, die in Leistungsdruck ausarten, weil sie darauf abzielen, das Kind in einem Soll-Zustand zu sehen. Der wichtige Augenblick, der Kairos, in dem das Kind sich jetzt befindet, so wie es ist und nicht wie es sein soll, wird sich gegen die eigentliche Zielsetzung richten, wenn es sich nicht unbeschwert freuen darf, sondern immer eine Zielrichtung verfolgen muß. Dieser Gedanke kommt deutlich in folgendem Gedicht zum Ausdruck:

„Tu dies! Tu das!
Und dieses laß!
Beeil dich doch!
Heb die Füße hoch!
Sitz nicht so krumm!
Mein Gott, bist du dumm!
Stopf's nicht in dich rein!
Laß das Singen sein!
Du kannst dich nur mopsen!
Hör auf zu hopsen!
Du machst mich verrückt!
Nie wird sich gebückt!
Schon wieder 'ne Vier!?
Hol doch endlich Bier!
Sau dich nicht so ein!
Das schaffst du allein!
Mach dich nicht so breit!
Hab jetzt keine Zeit!
Laß das Geklecker!
Fall mir nicht auf den Wecker!
Mach die Tür leise zu!
Laß mich in Ruh!
Kindsein ist süß?
Kindsein ist mies!"[11]

Als eine kleine Glossierung eines Denkens, in dem Freude nicht zum Unterricht gehört, da „sie nicht operationalisierbar ist", sei der „Kleine Prinz beim Pädagogen" zitiert:

11 Nein-Buch für Kinder von G. Stiller und S. Kilian, Weinheim, 3. Aufl. 1973, S. 36

„Guten Tag“, sagte der kleine Prinz. „Sprich einen ganzen Satz!“ befahl der Pädagoge. „Er heißt: Ich wünsche Dir einen guten Tag. Sag es langsam nach!“ „Ich wünsche Dir einen guten Tag“, sagte der kleine Prinz artig. „So ist es recht“, sagte der Pädagoge und zog ein Büchlein aus der Tasche. „Was hast Du denn da?“ fragte der kleine Prinz. „Ich trage Dir eine gute Note für gutes Betragen ein“, antwortete der Pädagoge. „Willst du in meine Schule gehen?“ fragte er. „Was muß ich denn da tun?“ fragte der kleine Prinz. „Du mußt zunächst einen Eignungstest machen.“ „ Eignungstest, was ist das?“ fragte der kleine Prinz. „Ich muß kontrollieren, ob Du lernfähig bist.“ „Lernfähig wozu?“ fragte der kleine Prinz. „Das ist nicht so wichtig“, sagte der Pädagoge, „das Wichtigste ist, es läßt sich leicht kontrollieren.“ „Gut“, sagte der kleine Prinz, „dann fang an, mich zu testen.“ Der Pädagoge reichte dem kleinen Prinzen ein Arbeitsblatt. „Lies den Text leise durch und kreuze die richtigen Antworten an!“ befahl er. „Aber“, sagte der kleine Prinz, „ich kann doch noch gar nicht lesen.“ Der Pädagoge war empört. „Du willst in die Schule und kannst noch nicht lesen? Was hast Du denn für eine Frühförderung gehabt?“ „Frühförderung, was ist das?“ wollte der kleine Prinz wissen. „Frühförderung, d. h., daß wir Pädagogen festgestellt haben, daß es notwendig ist, Kindern vor der Schule das Lesen, Rechnen und logische Denken beizubringen, damit sie das nicht erst in der Schule lernen müssen.“ „Und was lernt man dann in der Schule?“ fragte der kleine Prinz. „Die Schule baut“, sagte der Pädagoge, „auf der Vorschule auf und kann sich dann wissenschaftlichen Dingen zuwenden. Sie bereitet so vor auf die weiterführenden Schulen. So spart man eine Menge Zeit. Was hast Du denn in Deiner Vorschulzeit bisher gemacht?“ fragte er den kleinen Prinzen. „Ich habe gespielt“. „Spielen ist Zeitverschwendung“, sagte der Pädagoge. „Waren es wenigstens Lernspiele?“ „Das weiß ich nicht“, sagte der kleine Prinz. „Ich habe z. B. gemalt. Willst Du es sehen?“ fragte er und zeichnete dem Pädagogen sein Bild mit der Schlange, die einen Elefanten gefressen hat. „Na gut“, meinte der Pädagoge, „das ist wohl die Umgrenzung von Nullelementen in einer Menge.“ „Elemente von was?“ „Hast Du noch nie etwas von Mengenlehre gehört? So wirst Du den ‚numerus clausus‘ nie schaffen." Der kleine Prinz schaute fragend. „Schon gut", meinte der Pädagoge, „ich will es Dir erklären. Das Wichtigste im Leben ist die rechtzeitige Vorbereitung. Die Vorschule bereitet auf die Grundschule, die Grundschule auf die weiterführende Schule, die weiterführende Schule auf die Universität, die Universität auf den Beruf vor. Hast Du das verstanden?" „Und auf was bereitet der Beruf vor?" fragte der kleine Prinz. „Auf die Pension natürlich." „Und die Pension?" „Du bist aber ein entsetzlicher Quälgeist", sagte der Pädagoge. „Wenn jemand in seinem Leben etwas geleistet hat, wird er auch seinen Ruhestand zu nützen wissen, damit die Leute einmal an seinem Grab sagen können, er habe ein erfülltes Leben gehabt." „Komisch", sagte der kleine Prinz, „ich habe den Eindruck, jemand, der immer nur vorbereitet wird, hat nie Zeit gehabt zu leben." „Das verstehst Du noch nicht", sagte der Pädagoge schroff, „sag mir lieber, was Du bisher noch geleistet hast! Bringst Du wenigstens ein biologisches Wissen mit? Welche Pflanzen und Tiere kennst Du?" „Ich habe auf meinem Planeten eine Rose." „Es gibt viele Rosenarten", entgegnete der Pädagoge. „Ich habe hier ein Arbeitsblatt über Rosen. Da Du noch nicht lesen kannst, will ich es Dir vorlesen:

1. Arbeitsaufgabe
Eine Rose ist
a) eine Pfingstrose b) eine Polyantarose
c) eine Heckenrose d) eine Hochstammrose.
Kreuze die richtige Antwort an!

2. Arbeitsaufgabe
Welche chemischen Prozesse vollziehen sich bei der Nahrungaufnahme der Rose? Du hast wieder mehrere Antworten zur Auswahl.

3. Bilde mindestens 5 zusammengesetzte Hauptwörter mit Rose, wie Rosenkohl, Rosenduft."
„Meine Rose duftet sehr gut", unterbrach ihn der kleine Prinz. „Guter Duft ist im kognitiven Erfassungsbereich nicht vorgesehen. Er läßt sich schlecht kontrollieren und gehört daher nicht in den Lernzielkatalog", winkte der Pädagoge ab. „Ich mag meine Rose", sagte der kleine Prinz, „und denke

immer nach, wie ich sie vor dem Schaf auf meinem Planeten schützen kann." „Über Pflanzenschutzmittel sprechen wir dann im chemischen Sachkundeunterricht. Du wirst sehen, das ist sehr interessant." „Und ich freue mich jeden Tag an meiner Rose." „Freude ist ein affektives Lernziel. Das ist nicht so wichtig, aber von mir aus darfst Du am Schluß der Unterrichtsstunde auch Freude über Rosen empfinden. Ich werde schon einen Weg finden, wie ich kontrollieren kann, ob Deine Freude lernzielspezifisch war." „Ich will mich aber nicht nur freuen, wenn es auf deinem Plan steht", sagte der kleine Prinz. „Zur ständigen Freude haben wir leider keine Zeit, sonst erreichen wir unsere Lernziele nicht", sagte der Pädagoge unwirsch, „und wenn wir die nicht erreichen, bist Du lebensuntüchtig. Nicht für die Schule, sondern für das Leben lernen wir." „Du hast recht", sagte der kleine Prinz, „darum glaube ich, ist Deine Schule doch nichts für mich." Und er machte sich wieder auf die Reise. „Halt! Halt!" rief ihm der Pädagoge nach, „Du hast noch gar nicht gehört, wie meine didaktische Analyse weitergeht und welche Lernziele ich noch vorgesehen habe: Rechnen mit Rosenkranzperlen im Religionsunterricht, Mikroskopierübungen bei Rosenblättern, Bestimmungen der Kadenz im Lied ‚Sah ein Knab' ein Röslein stehn', über Bräuche sprechen und Freude über den Rosenmontag empfinden...", aber das hörte der kleine Prinz nicht mehr, denn er hatte sich ganz schnell davongemacht, um nicht noch eine Neu-Rose zu bekommen.[12]

Erscheinungsformen einer für die Unterrichtsgestaltung falsch verstandenen Freude würden sich in Lern- und Verhaltensstörungen, sogar in Kontaktstörungen und Bedrücktheit zeigen. Wichtig ist also, daß unsere Schule, insbesondere der an den Schulen erteilte Unterricht, nicht von geplanter, sondern von echter Freude getragen wird und demgemäß dem Freudendefizit unserer Zeit entgegenwirkt, um die für die Entwicklung und das Leben des Kindes bedeutungsvollen Wirkungen und Ausstrahlungen echter Kinderfreuden zu erhalten.

12 aus Zöpfl, H.: Schalt mal ab. Rosenheim 1988, 2. Aufl., S. 83ff.

2. Erste praktische Hinweise

Sicherlich wird es den Leser bereits drängen zu erfahren, wie das denn nun zu machen sei, daß Schüler Freude erfahren, gerne lernen, über ihre Schule positiv denken und reden. Doch so einfach ist das nicht, und der Ausspruch P.G. Münchs:

„Lieber Kollege, machen Sie Ihre Schulstube zu einer grünen Oase in der Wüstenei dieser Zeit. Wieviel Kinder kommen jetzt aus den dunkelsten Bezirken des Kummers zu Ihnen. – Schenken Sie diesen Kindern Freude, so viel Freude, daß die kleinen Kerlchen sogar noch etwas davon nach Hause nehmen und zu Hause abgeben können.“[13]

verrät auch nur, daß der Lehrer aufgefordert wird, etwas zu unternehmen. Dieses Machen und Gestalten ist aber nur ein Aspekt einer *freudvollen* Unterrichtsgestaltung und verweist strikt auf den Lehrer als „Macher“. Freude ist aber ihrem Wesen nach so vielgestaltig und fein gegliedert, daß aus der direkten Bezogenheit auf den Lehrer nicht der ganze Reichtum der Freude entfaltet werden kann. Hinzukommen muß unbedingt als notwendige Konsequenz die Offenheit des Schülers, Freudenerlebnissen zugänglich sein zu wollen. Erst wenn die positive Einstellung ebenfalls vorhanden ist, Freude in sich aufsaugen und weitergeben zu wollen im Sinne einer ungesteuerten Kettenreaktion, wird es gelingen, durch Gestaltung und Erfahrbarmachung die *erstaunliche Vielfalt an Freuden* zu entwickeln.

Wie muß nun ein Unterricht beschaffen sein, der sich solch einer zukunftsorientierten Zielrichtung verpflichtet weiß? Wie können wir bei unserem Schüler erreichen, daß der Unterricht zu einem durch Freude fruchtbar werdenden und wirkenden Unterricht wird? Welche praktischen Möglichkeiten haben wir konkret, um mehr Freude und Humor in unseren Schulen zu verwirklichen? Vorweg sei eine Selbstverständlichkeit genannt. Niemand kann sich Schule als eine totale „Schule der Freude“ vorstellen, gewissermaßen als eine paradiesische Insel der Seligen inmitten unserer anspruchsvollen

13 Münch, P.G.: Kinderland, Bonn 1949, S. 112

kulturellen, sozialen, wirtschaftlichen und politischen Welt. Freude allein bietet keinen Lehrstoff, der verplant, methodisiert, programmiert und kontrolliert werden kann. Freude ist nicht einer Unterhaltungsveranstaltung gleichzusetzen, sondern ist ein emotionales Gestimmtsein, das an keine „Verzweckung" gebunden ist. Freude als didaktisches Element ist von der Qualität des ganzen Unterrichts abhängig. Das läßt sich leicht am Gegenbild beweisen. In einer Schule, in der das Chaos herrscht, keine Lerninhalte planmäßig angeboten oder erarbeitet werden, der Ablauf der Unterrichtsstunden verworren, Disziplin unbekannt, der Lehrer unvorbereitet und zerstreut ist, kann keine Freude aufkommen, sondern nur Langeweile, quälende Sinnlosigkeit, Unruhe, Enttäuschung und Protest.

Schule und Unterricht müssen primär *als Veranstaltung* gezielter Lehr- und Lernmaßnahmen gesehen werden, in der aber auch trotz geforderter Lernziele noch ein Raum bleibt, in dem sich Schüler wohl fühlen können. Voraussetzung dafür ist eine gewisse Gelassenheit in jeder unterrichtlichen und erzieherischen Situation.

Die Aufgabe des Unterrichts und damit des Lehrers besteht darin, den Schüler auf das Leben vorzubereiten. Der Schüler steht somit im Mittelpunkt des Unterrichtsgeschehens – an ihm muß sich der Lehrer orientieren. Um Freude im Unterricht verwirklichen zu können, brauchen wir eine pädagogische Schule, eine Schule, die sich am Kind orientiert. Leitidee dieser Schule müßte die Überzeugung sein, daß die Wissensvermittlung nicht die Hauptaufgabe der Schule ist. Sie sollte vielmehr dem Menschen helfen, seine Gesamtpersönlichkeit zur Entfaltung zu bringen. Der Mensch muß wieder mehr als Einheit, als Ganzes gesehen werden. Er ist nicht in eine affektive und kognitive Komponente aufzugliedern. Beide Teile begründen sich gegenseitig. Ein solches Konzept wendet sich gegen ein mechanistisches Verständnis vom Menschen, wie es sich beispielsweise in der Euphorie des Plan- und Machbaren zeigt und zum „Lernzielfetischismus" entartet. Schule soll wieder Menschenschule sein, in deren Zentrum der ganze, auf erzieherische Hilfe angewiesene Mensch steht. Diese Idee begründet sich aus anthropologischer Sicht, die die Tradition ebenso in den Blick nimmt wie die Aufgabe gegenwarts- und zukunftsorientierter Entwicklung der Schule: Sie stellt sich die Frage nach dem Menschen und dem Sinn seiner Existenz. Sie bietet Hilfen, das Leben in Verantwortung gegenüber sich selbst und gegenüber anderen zu bewältigen. Zugleich erweist sich die Schule als Stätte von Erziehung und Bildung, jedoch nicht in der wertneutralen Vermittlung, sondern in der gewollten Annahme des Auftrags, Orientierungshilfen im Angebot der Werte, Normen und Ideale zu ermöglichen.

Der Unterricht zu solch positivem und verantwortungsbewußtem Handeln ergibt sich nicht von selbst oder quasi nebenbei. Der Lehrer selbst darf sich nicht scheuen, Haltungen, Einstellungen, erstrebenswerte Tugenden, in denen sich Wertvorstellungen konkretisieren, wieder beim Namen zu nennen. Der Unterricht muß bewußt und zielorientiert die Vermittlung von Werten in Angriff nehmen. Hans Zehetmair unterstrich dies in seiner Haushaltsrede vor dem Bayerischen Landtag am 18. März 1987:

„Gerade in dieser immer komplexer werdenden Welt, in der andere Erziehungsmächte, wie die Medien, mit Schule und Elternhaus konkurrieren, muß die Schule *Orientierungs-, Entscheidungs- und Lebenshilfe* bieten sowie – im Sinne von Karl Jaspers – zur „Daseinserhellung zum Zwecke der Daseinsmeisterung" beitragen. Bildung ist jene Verfassung des Menschen, „die ihn in den Stand setzt, sowohl sich selbst als auch seine Beziehung zur Welt in Ordnung zu bringen" (Theodor Litt). Bildung führt zur „eigentlichen Menschwerdung des Menschen" (Max Scheler), zu seiner „zweiten Geburt". Sie ermöglicht dem Menschen einen Zugang zu den „Grundlagen und ihrer Herkunft, zu dem sinngebenden Ganzen und seinen Maßen" (so Theodor Ballauf). Dies zeigt: *Wert- und Weltorientierung* – beide Elemente gehören zum Bildungs- und Erziehungsauftrag der Schule heute. Die Vermittlung rein instrumenteller Qualifikationen, selbst die von Sach-, Handlungs- und Urteilskompetenz, allein reicht nicht aus. Bildung und Erziehung müssen verstärkt wieder *Maßstäbe* für sittlich-moralisch verantwortetes Handeln bieten."

3. Die Lehrerpersönlichkeit als entscheidender Faktor

Dieses sittlich-moralisch verantwortete Handeln setzt natürlich Pädagogen voraus, die sich mit einer positiven Einstellung identifizieren können. Freude steckt ja bekanntlich an – zuvorderst ist also die optimistische Lehrerpersönlichkeit gefordert.

Noch vor wenigen Jahren wurde das Hauptaugenmerk vor allem auf den Unterricht gerichtet. Gefordert wurden mehr Wissenschaftlichkeit, Spezialistentum und rein kognitive Fähigkeiten. „Heute reden wir kaum mehr von der Lehrerpersönlichkeit. Jetzt gelten Lernstrategien, die immer effektiver gestaltet werden sollen. Die Schule wird von Technokraten, Organisatoren und Psychotechnikern umgekrempelt, die Lehrweisen werden möglichst objektiviert, d.h. entpersönlicht, und ein total vorfabrizierter Unterricht erscheint als Wunschbild am Horizont."[14]

Die Auseinandersetzung mit der Lehrerpersönlichkeit wurde damit uninteressant und auch für unergiebig gehalten. Soll die Freude im Unterricht Einzug halten, ist jedoch die Frage nach der Persönlichkeit des Lehrers von zwingender Bedeutung.

Dabei sollen nicht, wie dies in vielen Veröffentlichungen der Fall ist, ideale Anforderungen an den Unterrichtenden gestellt werden, mit denen sich nur noch ein sehr geringer Prozentsatz der Lehrenden identifizieren könnte. Es sollen keine Ideale vorgestellt und keine Handlungsschemata aufgezwungen werden, die bei Befolgung versprechen, daß dann Unterricht und Freude eine Einheit bilden könnten. Auch soll noch nicht vom didaktischen Geschick des Lehrers gesprochen werden, da so manche gut geplante und strukturierte Unterrichtsstunde doch nicht den beabsichtigten Erfolg zeigt.

Gemeint ist vielmehr, den Lehrer so zu sehen, wie er tatsächlich ist, als Mensch, der sich manchmal ärgert und schimpft, aber nicht nachtragend und beleidigt ist, der zwar streng und fordernd ist, aber nicht ungerecht und hart, der zwar Leistung

14 Vgl. Kopp, F.: Schule für das Kind – Randbemerkungen zur Schulpädagogik und Didaktik. Donauwörth 1976

abverlangt, doch nicht trimmt! Es wäre lächerlich und der Sache wenig zuträglich, würde man fordern, daß der Lehrer seine persönlichen Probleme vor den Schultüren ablegen und gut gelaunt, spritzig und witzig mit der Motivation seiner Unterrichtsstunde beginnen müßte. Das Aufgezwungene, Gekünstelte wirkt unnatürlich und unecht. Kinder haben ein Gefühl dafür, wie sich der Lehrer fühlt. Sie erkennen, ob Verhaltensweisen als Floskeln abgetan werden oder ob sie dem ehrlichen Bemühen des Lehrers um ein gemeinsames Mit- und Füreinander entstammen. Außerdem wird schnell deutlich, ob man herzhaft lacht, sich aus vollem Herzen freut, freudestrahlend ist oder sich nur so gibt. Echte Freude wirkt ansteckend!

Sehr oft werden von der Gesellschaft an den Lehrer Anforderungen gestellt, die er alle unmöglich erfüllen kann. Er wird als die ideale Person verstanden, die alle Werthaltungen und Tugenden in sich zu vereinen weiß, ein Musterbeispiel für Ausgeglichenheit ist, jeden Schüler in gleicher Weise anzunehmen bestrebt ist, auf seinem Gebiet ein Fachmann und zudem ein wahrer Mensch sein soll. Eine solche Last alleine tragen zu müssen, würde wohl manchen jungen Menschen vom Studium des Lehrberufs abhalten.

Interessant ist in diesem Zusammenhang, daß Schüler ihren Lehrer auch nach bestimmten Maßstäben messen.

In einer Untersuchung von etwa 500 anonymen Schüleraufsätzen aus Hauptschulen unterschiedlicher Größenordnung zum Thema „Wie ich mir meinen Lehrer wünsche" stand an erster Stelle der heitere Lehrer. Die Untersuchung kam zu folgendem Ergebnis.[15]

Stellenwert	Eigenschaft	Prozentwert
1	Heiterkeit	62
2	Gerechtigkeit	60
3	Geduld	44
4	Anschaulichkeit	40
5	Güte	28

15 vgl. Gröschel, H.: Forderungen und Wünsche an die Lehrerpersönlichkeit. In: Gröschel, H. (Hrsg.) Die Bedeutung der Lehrerpersönlichkeit für Erziehung und Unterricht. München 1980, S. 111

Stellenwert	Eigenschaft	Prozentwert
6	Konsequenz	27
7	Kameradschaft	18
8	Strenge	12
9	Eleganz	4
10	Sportlichkeit	3

Dieser Wunsch nach dem heiteren Lehrer setzt mit Sicherheit einen Erzieher voraus, der selbst diese Eigenschaft besitzt und dessen Grundhaltung optimistisch geprägt ist. Otto Friedrich Bollnow hatte die Wirkung der Freude auf die Schüler richtig erkannt und gefordert: „Nur der fröhliche Erzieher ist ein guter Erzieher; nur er vermag zugleich Fröhlichkeit um sich zu verbreiten und die Jugend mit sich fortzureißen".[16]
Es dürfte einleuchten: Ein trister und langweiliger Lehrer wird kein Kind und keinen Menschen zur Freude führen. Bedenken wir, wie Freude auf den Menschen wirkt. Sie wirkt nicht nur auf unser Inneres harmonisierend, sondern zugleich ansteckend. Es ist daran zu denken, was Paul Georg Münch in den Mittelpunkt seiner Überlegung gestellt hat.
Der Lehrer muß versuchen, für sich selbst ein Mensch zu sein, der selbst Freude als wichtigen Faktor in seinem Leben betrachtet. Ein Mensch, der erfüllt ist von Berufsfreude, der gerne unterrichtet. Diese Freude wird sich auf die Kinder übertragen.
Lehren und Lernen ist somit nur möglich auf der Basis der Freude, die deshalb als fundamentales Kriterium der Lehrerpersönlichkeit angesehen werden muß. Für den Lehrer beinhaltet Freude an der Arbeit sowohl die Freude am Fach selbst, an dessen Vermittlung, als auch in erster Linie Freude am lernenden und sich entwickelnden Kind. Georg Kerschensteiner formulierte als Grundvoraussetzung für den Erzieher: „Das Wesen der Erzieherseele liegt allein in der Liebe zum Menschen. Wer nicht in Liebe für einen anderen leben kann, ist von vornherein zum Erzieher verdorben." Die gefühlsmäßige Einstellung des Lehrers zum Kind und umgekehrt ist bedeutend für die ganze Atmosphäre im Klassenzimmer, die

16 Bollnow, O. F.: Die pädagogische Atmosphäre. Heidelberg 1964, S. 28

von Mitmenschlichkeit, Verständnis und gegenseitiger Rücksichtnahme geprägt sein sollte.[17]

Hans Gröschel berichtet von einem Unterrichtsbesuch bei einer „alten Dame":

„Zehn Minuten und keine Minute mehr. Nach zehn Minuten kann ich mit Anstand gehen! – Ich konnte nicht. Ich blieb und erlebte sogar das Ende der zweiten Stunde, singend und klatschend im Kreis der Erstkläßler am Boden sitzend. Stolz übrigens auch, weil ich beim Kleben eines Sternenhimmels den dritten Preis gewonnen hatte. Und dabei war alles, alles, was diese nette alte Dame gemacht hatte, falsch! Wenigstens nach den modernen didaktisch-methodischen Grundsätzen. Aber doch war andererseits alles auch wieder da. Sprachliche Interaktionen, logische Propädeutik, metakommunikative Sprechakte, Reversibilität. Nein, nichts war falsch, alles war nur anders! Aber warum? Sie sagte es mir ‚Ich mag meine Kinder – und meine Kinder mögen mich'."[18]

Weniger als Gelehrter wirkt der Lehrer, sondern als Mensch. Das Idealbild, das Schüler vom Lehrer fordern, entspricht den Forderungen, die die pädagogische Theorie stellt: „Pädagogische Liebe, pädagogischer Takt, Vertrauenswürdigkeit, Gerechtigkeit, Geduld und Humor".[19]

In der Praxis heißt das konkret:

- den Schüler in seinem So-Sein annehmen;
- ihm Beistand gewähren;
- ihm zuhören;
- mit ihm über seine Probleme reden;
- ihm Möglichkeiten anbieten, sich selbst darzustellen;
- ihn in seinem Anderssein annehmen;
- ihm Möglichkeit geben, Vertrauen zu gewinnen.

---

17 vgl. Kerschensteiner, G., In: Barsig, W., Berkmüller, H., Sauter, H.: Die Lehrerpersönlichkeit in Erziehung und Unterricht. Donauwörth 1980, S. 15

18 Gröschl, H.: Kompromisse und Konflikte. Anmerkungen zu Situationen in einer verwalteten Schule. In: Ebert, W.: Lehrer – Gefangener oder Gestalter der Schule. München 1979, a. a. O., S. 158

19 vgl. Barsig, W., Berkmüller, H., Sauter, H. a. a. O., S. 21 f.

Dadurch wird das Verhältnis Lehrer-Schüler, der pädagogische Bezug, entscheidend geprägt und dient somit als wichtiger Faktor, Freude im Unterricht zu erfahren. Ein gutes Klima kann aber nur entstehen, wenn der Lehrer einen Raum schafft, der frei von Angst und Zwängen ist, und wenn der Lehrer willens ist, „die Trennung zwischen professioneller Erziehung und persönlichem Umgang aufzuheben"[20], das heißt der Lehrer muß am Kind selbst interessiert sein und Kontaktmöglichkeiten schaffen. Vertrauen, Geborgenheit, Liebe und Wertschätzung sind die tragenden Säulen aller Erziehungsbestrebungen.
Vertrauen bekundet, daß der Vertrauende sich auf sein Gegenüber einläßt, daß er von ihm etwas in Geduld erwartet. Nicht etwas Bestimmtes, nicht Einzelnes, das man ebenso durch Zwang oder Bitten oder Verhandeln erreichen könnte, sondern den Menschen in seiner Gesamtheit. Vertrauen erwartet und bedingt wieder Vertrauen. Darum soll der Erzieher in all seinen Worten und Handlungen, in seinem ganzen Verhalten merken lassen, daß er dem Kinde das Du-Verhältnis und die Gemeinschaft zutraut. Vertrauen besagt, daß sich jeder auf den anderen verlassen kann, und verbindet zugleich eine gegenseitige Wertschätzung. „Es meint die Gewißheit einer grundsätzlichen Stimmigkeit und Verläßlichkeit, eine Gewißheit, die aus der Erfahrung tragender Wirklichkeit entsteht. Solches Vertrauen bezieht sich also nicht so sehr auf einen besonderen Gegenstand oder eine einzelne Person. Es ist der Zustand eines vertrauensvollen Gestimmtseins, das das Ganze der Welt und das Leben betrifft."[21]
So wird im Raum des erzieherischen Geschehens der Weg frei, sich dem anderen offen, zwanglos und ehrlich zuzuwenden. Das unbedingte Vertrauen des Erziehers verleiht auch dem Kinde die Möglichkeit, etwas beizutragen und von sich aus etwas zu gestalten, das auf Verbundenheit zielt und wiederum Freude bewirkt. Ohne solches Sich-Öffnen bleibt ein erzieherisches Verhältnis stumpf, rührt die emotionale Tiefe nicht an und verfehlt das Selbst des anderen. Wer sich selbst nicht zu öffnen vermag, wird auch anderen nicht in der geforderten

20 v. Hentig, H.: Was ist eine humane Schule? München 1976
21 Hommes, U.: Erinnerungen an die Freude. Freiburg, Basel, Wien 1979, S. 33

Offenheit begegnen können. Offenheit meint hier nicht eine Entblößung seines Inneren, sondern bedeutet, ehrlich und von Herzen für den anderen da zu sein, sobald er das erwartet oder braucht.

„Der Erzieher, aber auch der junge Mensch müssen spüren, wann der rechte Augenblick geschenkt ist, um der sich eröffneten tieferen Dimension gerecht zu werden. Das mag dann jener ‚fruchtbare Moment' sein, von dem die geisteswissenschaftliche Pädagogik sprach. Es ist ein besonderes seelisches Erlebnis gemeint, in dem etwas Neues mit plötzlichem Eindruck und gleichsam schicksalhaft und wegweisend sich dem einzelnen öffnet."[22]

Dieses Gestimmtsein – Bollnow sieht hier „eine der elementarsten Grundforderungen an die Erziehung"[23] – schafft dann eine Atmosphäre des Wohlseins, ein Gestimmtsein für Freude. „Wertschätzung", „Vertrauen", „Echtheit und Offenheit", „Sich frei fühlen", „Miteinander leben" als Grundhaltungen zählen zum Kernbestand einer jeden christlichen Erziehung. Ferdinand Kopp weist mit Recht darauf hin, daß alle „einzelnen Grundhaltungen nur aus der Gesamtstimmung zu verstehen sind, in der sich Erziehung vollzieht"[24], eben aus einer pädagogischen Atmosphäre.

Ein Lehrer, der seinen Unterricht auf der Basis der Freude aufbaut, muß zwar viele dieser genannten Eigenschaften besitzen, doch wird er sich wie jeder andere Mensch darum bemühen müssen, an deren Weiterentwicklung zu arbeiten. Er wird im Vergleich zum logotropen Lehrertypus mehr solche Inhalte für den Unterricht auswählen, als die Schüler aus ihrer bereits gemachten Erfahrung bestätigen können, die sie in eine Fragehaltung versetzen oder gar zum Widerspruch reizen. Selbstverständlich Angenommenes hat nicht die gleiche Wirkung wie das, was aus dem Erlebnis der Freude entspringt.

---

22 Kopp, F.: Christlich erziehen in der modernen Welt. Donauwörth 1978, S. 123
23 vgl. Bollnow, O. F., S. 33
24 Kopp, F., S. 112 f.

4. Weitere unterrichtspraktische Hinweise

Ein Lehrinhalt, der an sich Humor und Freude impliziert, weil er auf die Interessen der Schüler, auf ihr Alter, auf ihre gegenwärtigen Bedürfnisse, auf ihre Probleme, auf Aktualität und Kreativität ausgerichtet ist, muß ebenfalls methodisch aufbereitet werden, damit nicht nur dem engen Begriff von Freude, der Heiterkeit, dem schallenden Lachen und der einer Situation entstammenden Spritzigkeit Zeit gewidmet wird. Die stille Freude, die besinnliche und ernste, die nachdenklich machende und Tätigkeit auslösende Freude kann nur entstehen, wenn sie einem Plan gemäß verfolgt wird.
Möglichkeiten hierzu gibt es in der Pädagogik viele. Hervorzuheben wären die Unterrichtsgrundsätze, die als Eckpfeiler eines methodischen Lernens und Lehrens gelten. Dabei gewinnen die Unterrichtsprinzipien an Bedeutung, die die Aktivität der Schüler betonen und die Erfahrung, das Lernen aus Erfahrung, in den Vordergrund stellen.
An einem einfachen Beispiel aus dem Unterricht der Grundschule sei dies verdeutlicht:
Der Themenbereich 7 aus der Heimat- und Sachkunde der 2. Jahrgangsstufe „Erfahrungen mit Wasser" der 3. Jahrgangsstufe „Einblick in das vielfältige Leben in und an einem Gewässer" und der 4. Jahrgangsstufe „Kenntnis des natürlichen Wasserkreislaufs" ist nur eine Möglichkeit, Verbindungen herzustellen, die die Schüler zum Staunen, Nachdenken, zur Ehrfurcht und Dankbarkeit anleiten.
Die Thematik „Wasser" kann gemäß den verbindlichen Lernzielen (2. Jahrgangsstufe)

- Wasser kann flüssig oder fest sein
- Wasser läßt sich mit zahlreichen Stoffen vermischen
- Wasser trägt einzelne Gegenstände usw.

in wenigen Unterrichtsstunden behandelt werden, wenn der Sinngehalt nur auf die kognitiven Strukturen reduziert wird.

Sinnerschließung und Freude ergeben sich aus der Methodik, die fächerübergreifend den für den Menschen wertvollen Gehalt herausstellt.
Leitgedanken hierzu wären zum Beispiel:

– Wo begegnet uns das Wasser im alltäglichen Leben?
– Wo dient das Wasser dem Menschen?
– Wo bedroht das Wasser den Menschen?

Einige exemplarische Antworten finden sich in der Artikulation der Unterrichtsstunden wieder:
„Wasser, du hast weder Geschmack noch Farbe, noch Aroma. Man kann dich nicht beschreiben, man schmeckt dich, ohne dich zu kennen. Es ist nicht so, daß man dich zum Leben braucht: Du selber bist das Leben! Du durchdringst uns als Labsal, dessen Köstlichkeit keiner unserer Sinne auszudrükken fähig ist. Durch dich kehren uns alle Kräfte zurück, die wir schon verloren gaben. Dank deiner Segnung fließen in uns wieder alle bereits versiegten Quellen der Seele. Du bist der köstlichste Besitz dieser Erde.“[25]
Große Kulturen der Menschheitsgeschichte entstanden an großen Flüssen (Nil, Ganges, Mesopotamien ...). Das notwendige Wasser garantiert die Ernte und damit das Leben. Das wassereiche Land ist das fruchtbare Land. Zugleich erlebt der Mensch in den Überschwemmungen und Fluten die Bedrohung durch das Wasser. Wasser kann auch zerstören, wegschwemmen, mit sich fortreißen und vernichten ...
Die verschiedenen Mythen der Völker unterscheiden zwischen diesen guten und vernichtenden Seiten. Das Wasser wird einerseits zum Zeichen für Fruchtbarkeit und Leben, andererseits zum Symbol für Tod und Untergang. Am Anfang steht das Chaos des Urwassers, bis die Götter ordnend eingreifen und Leben schaffen ...
In der Heilsgeschichte des Volkes Israel spielen das Meer und das Wasser eine entscheidende Rolle. Mose (= der aus dem Wasser Gezogene) führt das Volk Israel durch das Meer in die Freiheit. Die Fluten des Roten Meeres eröffnen dem Volk Leben und Freiheit und vernichten die Ägypter. In der Wüstenerfahrung, als das Volk von Gott abzufallen drohte, erweist Gott seine helfende und schützende Nähe durch das Wasser, das Mose aus dem Felsen schlagen kann ...
Diese wenigen, nur skizzenhaften Grobstrukturen, die für die Vorbereitung der Unterrichtsstunden wesentlich sind, müs-

25 de Saint Exupery, A.: Wind, Sand und Sterne. Düsseldorf 1956. S. 165

sen durch die eigenen Erfahrungen der Schüler ergänzt werden:

- Wer kennt nicht das Gefühl, wenn man nach einer langen und ausgiebigen Bergwanderung seine angeschwollenen Beine in einem Bach kühlen kann?
- Wer weiß nicht, wie gut und erfrischend ein Glas Wasser schmeckt, wenn die Lippen nach einer sportlichen Anstrengung bereits salzig sind?
- Wer kann sich aus den Medien an die Not erinnern, als die Wasserversorgung der Bevölkerung für zwei Tage unterbrochen war?
- Wer kann das Gefühl an heißen Sommertagen beschreiben, wenn man sich im kühlen Naß erquicken kann?
- Wer kann davon erzählen, wie unsere Blumen im Klassenzimmer nach einer Woche Ferien ausgesehen haben?
- Wer weiß davon zu berichten, wie ein heißes Bad oder eine heiße Dusche auf einen unterkühlten Körper wirken?
- Wer kann sich, falls das überhaupt möglich ist, eine Woche ohne Wasser (körperliche Reinigung, Essen, Trinken...) vorstellen? Wie sehr würde unser Leben ärmer werden?
- Wie dankbar müssen wir dafür sein, daß das Wasser als Lebenssaft und Lebenskraftspender zur Verfügung steht?

In verschiedenen Jahrgangsklassen wurden diese Fragen gestellt, und die Auswertung der Partner- und Gruppenarbeiten hat gezeigt, über welches breite Vorwissen die Schüler verfügen. Ergebnisse wurden referiert, die Kreativität, Sensibilität, Anstrengungsbereitschaft und Wissensdurst zum Ausdruck brachten.
Als Ausgangslage für die darauffolgende Unterrichtsstunde diente dieses Gedicht:

Wasser

Neulich las ich irgendwo
eine Formel H_2O.
Ich hab Papa drauf befragt,
was das sei. Er hat gesagt:
Paß gut auf und denke nach:

H_2O ist Quelle, Bach,
es ist Fluß, Strom, See und Meer,
trägt die Schiffe kreuz und quer.
Es ist Nebel, Wolken grau,
es ist Regen, Morgentau,
rinnt, strömt, sprudelt, tropft und fließt,
rieselt, plätschert, rauscht und gießt,
brodelt, brandet, wogt und zischt,
reinigt, löscht den Durst, erfrischt.

Mehr wert ist's als Gold und Geld,
ohne es wärs schlecht bestellt.

Es gibt Leben Pflanz und Tier,
ohne es da könnten wir
nicht einmal 3 Tage leben,
es ist Lebenssaft, ist Segen.

Sicher hast du schon entdeckt,
was in dieser Formel steckt,
die so trocken es benennt,
dieses nasse Element.[26]

Die geleisteten Vorarbeiten waren ein reicher Nährboden zur Klärung des Sinngehalts. Wechselnde Unterrichtsformen und ein kindgerechter Medieneinsatz dienten der Aktivierung der Schüler, weckten Anlässe zu Diskussionen und schufen Entscheidungssituationen, die den Wert des Wassers für die Bedeutung des Lebens und für die Umwelt des Menschen gewichteten. Querverbindungen zu anderen Fachbereichen, z. B. Religion: Symbolcharakter des Wassers bei der Spendung von Sakramenten, Mathematik: Sachaufgabe mit kritischer Überprüfung einer monatlichen Wasserrechnung, Überlegungen zu sparen usw., mündlicher und schriftlicher Sprachgebrauch rundeten die Unterrichtssequenzen ab und initiierten Projekte mit Plakaten und Umweltaktionen, die sich weit über das Schulleben hinaus erstreckten.
So bietet zum Beispiel eine Bachpatenschaft (Reinigungsarbeiten, Beobachtungen am Bach und seinem nahen Umfeld mit

26 Zöpfl, H.: Eine ganze Welt voll Wunder. Donauwörth 1989, S. 51

Dokumentation, Uferbepflanzungen, weitergehende Ufergestaltung, Uferbefestigungen, Renaturierung des Bachlaufs und Bachgrunds, Gewässergütebestimmung, Gespräche und Zusammenarbeit mit amtlichen Stellen und Fachleuten, Öffentlichkeitsarbeit) – vielerlei Möglichkeiten zu eigenem aktivem und kreativem Handeln, zur Entwicklung bewußter Wahrnehmung, zur Gewinnung neuer Erfahrungen, Einsichten und Denkanstöße, zum Erleben von Freude an der Natur und am eigenen Tun und Sein, zum Erfahren von Gemeinschaft und Verantwortungsgefühl. Zu einer freudvollen methodischen Gestaltung des Unterrichts gehört ebenfalls das Unterrichtsprinzip der Anschaulichkeit. Ist die Wirklichkeit in ihrer Originalität nicht zugänglich oder aufgrund ihrer Beschaffenheit wenig aussagekräftig, muß auf Unterrichtsmedien zurückgegriffen werden. Hiermit können komplexe Vorgänge im Leben auf einzelne verkleinerte bzw. vergrößerte Ausschnitte reduziert werden, die zum besseren Verständnis des Lerninhalts dienen. Mikroskopisch untersucht werden können Gewässerproben, Teile von Baumrinden, Pflanzen etc., wodurch wiederum das Leben in seinen verschiedensten Ausprägungen herausgestellt wird, und Verantwortungsgefühl und Verantwortungsbereitschaft initiiert werden.

Beim Einsatz von Medien ist prinzipiell die Frage zu stellen, ob sich Informationsträger selbst anfertigen lassen. Im Unterricht können so zum Beispiel Collagen erstellt werden, die wichtige Informationen aus Büchern oder Zeitungen enthalten, die Applikationen aus Sachfächern mit eigenen Gestaltungsideen zu vereinen wissen. Sie können ferner dazu beitragen, daß durch eigenes Tun, durch Fühlen, Schmecken, Riechen und Tasten Erfahrungen verarbeitet werden, die, außer daß sie Freude bereiten, auch der Sicherung des Lerninhalts dienen. Von auschlaggebender Bedeutung ist schließlich noch der Unterrichtsgrundsatz der Differenzierung mit dem Ziel der Individualisierung. Die methodischen Maßnahmen des Lehrers müssen auf das Lern- und Leistungsverhalten der Schüler abgestimmt sein, damit Schule überhaupt Freude machen kann. Ständige Überforderung leistungsschwacher und stete Unterforderung lernwilliger, höher begabter Schüler hemmen das Tätigsein und nehmen den Spaß an der Schule. Jeder Mensch strebt nach Anerkennung und Verständnis, möchte seine Leistungen honoriert wissen. Dafür sind die methodischen Maßnahmen des Lehrers verantwortlich.

Freude ist als didaktisches Element von der Qualität des ganzen Unterrichts abhängig. Gewisse Grundbegriffe müssen berücksichtigt werden, die im wesentlichen allgemein anerkannt sind, wenn auch in verschiedener sprachlicher Fassung und mit unterschiedlicher inhaltlicher Gewichtung: zweckmäßige Organisationsformen, Planung der Lehr- und Lernaufgaben, Angemessenheit der Anforderungen an die Auffassungs- und Erlebnisfähigkeit der Schüler, folgerichtige Strukturierung des Unterrichtsablaufs, zweckmäßige Medien als Lernhilfen, Leistungsforderung und Leistungssicherung usw. Was mit den vorherrschenden Grundbegriffen, wie Schulklasse, Arbeitsgruppe, Lehrerrolle, Schülerrolle, Lehrplan, Unterrichtsmethode, Artikulation des Unterrichts ..., angesprochen wird, hat zunächst mit dem pädagogischen *Auftrag* „Freude an der Schule" nichts zu tun.

Wenn nun doch Freude, anthropologisch und psychologisch betrachtet, ein wichtiges und tragendes Element fruchtbaren Lernens und personalen Sinn- und Werterlebens ist, welchen Stellenwert wird dann Freude unter oder neben den bisher gültigen Prinzipien, Grundhaltungen, Zielsetzungen, Sozialisations- und Kommunikationsmöglichkeiten erhalten?

Freude als didaktischer Begriff gehört einer anderen geistigen Ebene an als die üblichen didaktischen Elemente. Hier wird sichtbar, wie wenig sich bisher die Schulpädagogik der „Stimmung" angenommen hat, der vorherrschenden Tönung der Affekte, die den Unterricht und das Schulleben begleiten. Nur die negative Tatsache der Angst ist, allerdings lediglich von den Psychologen und Heilpädagogen, näher untersucht worden, ebenso der Begriff der pädagogischen Atmosphäre, aber (neben der Freude) nicht jene anderen Stimmungen, die sicherlich für das Leben und Arbeiten in einer Schulklasse und für den einzelnen wirksam sind: Heiterkeit, Wohlbehagen, Zufriedenheit, Ernst, Trauer, Gereiztheit, Widerwillen u. a.

Sollte nicht die Stimmung, also die augenblickliche Tönung der Affekte beim einzelnen Kind, beim Lehrer, in der Gruppe und in der Schulklasse, als Element im pädagogisch-didaktischen System einen eigenen Stellenwert erhalten?

Mit solchen allgemeinen Überlegungen wird nun auch die

Stellung und Gewichtung des Freudegedankens im Ganzen des schulpädagogischen Denkens und Handelns klarer. Es handelt sich also um ein eigenes Element, einen eigenen Faktor, der den sonst gültigen Elementen, Faktoren und Prinzipien zugeordnet wird. Allerdings nicht auf der gleichen Ebene überwiegender Rationalität, sondern auf einer anderen, alles Unterrichtsgeschehen übergreifenden Ebene. Freude, als neues und zusätzliches Element des Unterrichts angenommen, vermag dann allen anderen Elementen des Unterrichts einen neuen Gehalt, einen zusätzlichen positiven und persönlichen Sinngehalt zu geben. Das gilt allgemein: der Arbeit in der Kleingruppe durch die gewonnene Gemeinsamkeit eine gehobene emotionale Tönung geben, in der Unterrichtsmethode durch spannungsreiche Artikulierung die Zustimmung der Schüler verstärken, die kindliche Eigenart unbefangener akzeptieren, die Haltung des Lehrers offener gestalten, Aufmerksamkeit und Ordnung freudiger annehmen, die kleinen Wunder der Welt mit Staunen entdecken, das Üben fröhlicher betreiben, schließlich auch Unangenehmes mit leisem Lächeln und weniger Ernst ertragen und im Religionsunterricht den Himmel etwas näherrücken.

Wenn dem ohnehin nicht abgeschlossenen Katalog der didaktisch-pädagogischen Elemente und Grundbegriffe als neues Element die Stimmung, in unserem Fall die Öffnung zu Freude und Humor, angefügt oder eigentlich eingefügt wird, so ist eine Sonderheit nicht zu übersehen. Durch ihren vorwiegend emotionalen Gehalt nimmt die Öffnung zu Freude und Humor eine besondere Stellung ein. Während andere Fakten des Unterrichts, wie etwa Zielstellung, Differenzierung, Gruppenarbeit, fest und überlegt eingeplant werden können, sind Freude und Humor unverfügbar, in ihrer Intensität und Wirksamkeit individuell und von den jeweiligen Situationen mitbestimmt, ohnehin nur ein Angebot, eine Möglichkeit, die ergriffen oder versäumt werden kann. Ein kausales Verhältnis von Angebot und Erfolg, von „Mitteln“ zum Freuen und freudiger Stimmung, gibt es nicht. Der helle Ton kann gehört, aber auch überhört, der Sinngehalt ergriffen oder versäumt, die emotionale Dimension erreicht oder verfehlt werden.

5. Schulleben – der Nährboden der Freude in der Schule

Durch die Einführung der neuen Grund- und Hauptschullehrpläne erfährt das Schulleben eine stärkere Gewichtung. Noch 1976 schreibt Hartmut v. Hentig: „Selbst Fabriken haben heute ein bunteres Innenleben als Schulen."[27]

Steindorf formuliert ähnlich: „In nüchterner Einschätzung der Gegebenheiten wird man wohl sagen müssen, daß Schulleben in der Gegenwart keine günstigen Entfaltungschancen hat. Es läßt sich schlecht mit der allgemein geforderten, unter Stoff- und Zeitdruck stehenden Leistungsschule vereinbaren. Ob wir es wahrhaben wollen oder nicht, wir erleben heute eine Neuauflage der (alten) Lernschule."[28]

Dieses „Innenleben" und diese „Lernschule" haben sich jedoch gewaltig geändert. So wurden im Bereich des Staatlichen Schulamtes München in den letzten Schuljahren an allen Grund- und Hauptschulen Schulfeste, Umweltschutztage, TAW-Ausstellungen, Sporttage und sonstige Veranstaltungen durchgeführt.

Die Ideen, die in der Präambel und den Vorbemerkungen der Grund- und Hauptschullehrpläne zum Thema Schulleben dargestellt werden, fordern von allen Lehrern kreative und schülerbezogene Handlungsweisen, die in vielen jahreszeitlich bedingten Festen, aber auch durch die Zusammensetzung der Klasse, in der Vorbereitung und Durchführung von Geburts- und Namenstagen zum Tragen kommen, Gestalt annehmen können.

In dieser Weise umfaßt der Begriff des Schullebens eine Vielzahl mehr oder minder herausragender und zeitlich begrenzter Aktivitäten des schulischen Alltags, die schulinterner oder schulübergreifender Art sein können. Die Definition „Schulleben" von Erich Weber trägt dieser Sicht Rechnung; „Schulleben, im weitesten Sinne verstanden, meint das Insgesamt der mit erzieherischen Intentionen gestalteten bzw. betreuten unterrichtlichen und außerunterrichtlichen Situationen im Lebensbereich der Schüler, zu denen noch unter schu-

---

27 v. Hentig, H.: Was ist eine humane Schule? München 1976, S. 119

28 Steindorf, G.: Einführung in die Schulpädagogik. Bad Heilbrunn 1972, S. 195

lischer Verantwortung außerschulische, erziehlich bedeutsame Situationen hinzukommen können."[29]

Die Autoren definieren „Schulleben" als einen pädagogisch geformten Schulalltag, in dem unterrichtliche Inhalte vorrangig so aufbereitet werden, daß die erziehlichen Aspekte eine positive Lebenseinstellung bewirken. Eine solche Einstellung intendiert, daß das Kind den Wert der Freude am Guten, Schönen und Wahren erkennen und erfahren lernt. Wer in diesem Sinne Leben in die Schule bringt, wird am ehesten der Forderung nach Humor und Freude in der Schule gerecht. Beispiele von wiederkehrenden Aktivitäten seien an dieser Stelle genannt:

- Arbeitsgemeinschaft an der Schule, die sportlicher und musischer Natur sein können;
- Arbeitslehre: Der Erfahrungsaustausch nach Betriebserkundungen und Betriebspraktika gehört zu den Aktivitäten des Schullebens, bei denen bereits ein erstes Hinauswachsen in die Berufs- und Institutionenwelt der demokratischen Gesellschaft spürbar wird;
- Bastelnachmittag, z. B. der Klassensprecher und des Elternbeirats für einen Weihnachtsbasar;
- Beratungsgespräch für Einzelschüler zusammen mit dem Klassensprecher;
- Berichts- und Referatsstunde einmal im Monat mit einem Lehrer, der die Aktivitäten der Schüler in den Vordergrund zu stellen versteht;
- Cross-Age-Helping („Schüler helfen Schülern"): Eine Pin-Wand mit Such- und Hilferufen kann hier als Informationsträger motivierend sein;
- Elternabend und Elternarbeit (in Kombination mit der Arbeit der Lehrer und Schüler);
- Eltern-Lehrer-Ausschuß zur Bereicherung des Schullebens;
- Eltern-Lehrer-Schüler-Tag (Tag der offenen Tür);
- Elternstammtisch;
- Erziehungshilfe/Lernhilfe im Aufenthaltsraum der Schule;
- Exkursionen unter Einbeziehung der Bevölkerung des Ortes;

29 Weber, E.: Das Schulleben und seine erzieherische Bedeutung. Donauwörth 1979, S. 64

- Feiern: Klassenfeier, Weihnachtsfeier, Geburtstagsfeier, Faschingsfeier, Grillabend, Anfangs- und Schlußgottesdienste;
- Feste: Schulfest, Gründungsfest, Gemeindefest, Kinderfest, Sommerfest, Spiel- und Theaterabend;
- Patenschaften unter Schülern verschiedener Klassen und Altersstufen, auch zwischen verschiedenen Schulen;
- Projektunterricht und Projektwochen;
- Tag des Baumes mit Säuberungsaktionen auf dem Schulweg;
- Schülerzeitung;
- Schüleraustausch;
- Tag des Kindes mit schulübergreifenden Projekten;
- Unterrichtsberatung durch Kollegen;
- Unterrichtsfragen: Frage- und Kummerkasten der Schüler und das monatliche Öffnen;
- ...

Das Ziel solcher Unternehmungen ist immer, die Vorherrschaft eines kind- und lebensfeindlichen Unterrichts zu brechen. Gerade darin liegt ihr großer Wert, daß Schule nicht ausschließlich vom Prinzip der Sachorientierung bestimmt, sondern von den Schülern als Lebensraum verstanden wird, der ein kindgemäßes Leben ermöglicht, ohne ständige Orientierung am Erwachsenenleben. Befreiung von Angst, Berücksichtigung persönlicher Bedürfnisse, zwangloses Mit- und Nebeneinander, Verständnis-Finden beim anderen und Hilfe-Leisten für den anderen sind notwendige Voraussetzungen für echte Freudenerlebnisse.
Der Lehrplan für die Grundschule gibt an vielen Stellen konkrete Anregungen für die Verwirklichung von „Schulleben".
Einige Beispiele seien genannt:
Eine ansprechende und kindlichen Bedürfnissen angemessene Gestaltung des Klassenzimmers ist Gegenstand des Heimat- und Sachkundeunterrichts (das Klassenzimmer als Wohnraum) und der Kunsterziehung. „Kunsterziehung fördert die Freude des Kindes am eigenen Gestalten (...). Besuche in Kirchen und Museen geben Gelegenheit, originalen Bildwerken zu begegnen und auch still vor einem Bild zu verweilen. Feste und Feiern im Jahreskreis sind geeignete Anlässe,

schmückendes Gestalten und gemeinsames Spielen in seinen vielfältigen Formen zu pflegen."[30]
Im Musikunterricht wird durch gemeinsames Musikhören die „Freude am Hören von Musik" gefördert. In Heimat- und Sachkunde der ersten Jahrgangsstufe wird unter Punkt 2.3 „Freude am Spielen" gefordert. Da durch „Schulleben" die ganze kindliche Persönlichkeit angesprochen werden soll und die intellektuelle Förderung im Unterricht ohnehin oft im Vordergrund steht, kommt dem musisch-kulturellen Bereich in diesem Zusammenhang große Bedeutung zu. In Deutsch beispielsweise wird im Arbeitsbereich Lesen der ersten bis vierten Jahrgangsstufe auf Darstellendes Spiel, Spielen als Handlung, Erfinden von Sprachspielen als Beitrag zum Schulleben hingewiesen. Die dabei erarbeiteten kleinen Spielszenen können zur Grundlage für Aufführungsbeispiele bei Festen und Feiern und zu einem weiteren Schwerpunkt des Schullebens werden. Feste und Feiern werden im Lehrplan an mehreren Stellen vorgeschlagen: Erleben von Gemeinschaft – gemeinschaftsfördernde Anlässe ausnützen. Namenstags- bzw. Geburtstagsfeier in der Klasse[31] (1. Jahrgangsstufe).
Hier wird explizit, daß „Schulleben" stark vom Unterricht beeinflußt wird. Die Vorbereitung vieler Aktivitäten des Schullebens geschehen im Unterricht und erzeugen bei den Schülern eine große Lernmotivation, wodurch sie ein besonders erfolgreiches Lernen bewirken.
Ferdinand Kopp formulierte diesen Gedanken 1974 folgendermaßen: „Schule ist mehr als Lernorganisation und Leistungsschule, mehr als eine Summe von Fachstunden, bedroht durch curriculare Verplanung, sondern in und zu allen Lehr- und Lernprozessen kognitiver Art ein Lebens- und Erfahrungsraum, Grundschule der Sozialisation und Persönlichkeitsfindung, insofern Lebensschule und Erziehungsschule."[32]
Die Freude an der Schule wird wesentlich durch die erlebnishafte Gestaltung des Schullebens genährt, und zwar durch ein

30 Lehrplan für die Grundschule. 1.–4. Jahrgangsstufe. München, 1984, a. a. O., S. 133
31 ebenda, S. 98
32 Kopp, F.: Schule für das Kind – Randbemerkungen zur Schulpädagogik und Didaktik. Donauwörth 1979, S. 43

Schulleben, das nicht im Gegensatz zum Unterricht steht. Somit ist ein echter Ansatzpunkt gefunden, mehr Freude in unseren Schulen zu verwirklichen.

Schule als Lebensraum bedarf dann einer dementsprechenden Gestaltung. Alle Räume wirken freundlich, wenn sie liebevoll eingerichtet, hell und farbig gestaltet sind, die Wände geschmückt mit Bildern und Zeichnungen. An den Fenstern sollen Blumentöpfe oder Blumenkästen stehen. Die Klassenzimmer sollten praktisch und formschön möbliert sein, d.h. es sollten große Schränke vorhanden sein, die genügend Platz für die Utensilien von Lehrern und Schülern bieten. Die Größe der Tische und Stühle muß auf die Größe der Kinder abgestimmt sein. Eine Lese- und Spielecke, eingerichtet als bequeme Sitzecke, eine Klassenbibliothek, Lern- und Unterrichtsspiele und Materialien für Stillarbeit sollten in keinem Schulzimmer fehlen.

Die Sitzordnung soll variabel sein, damit sie der jeweiligen Unterrichtssituation angepaßt werden kann. Kinder werden sich in ihrem Klassenzimmer aber erst heimisch fühlen, wenn sie selbst bei der Ausschmückung des Raums helfen und mitbestimmen dürfen.

Auch das Schulgebäude selbst und der dazugehörige Pausehof bedürfen einer entsprechenden kindgemäßen Gestaltung. Ein Pausehof mit Ruhe-, Spiel- und Bewegungszonen, ausgestattet mit Spielgeräten, Klettergerüsten, Tischtennisplatte und Malwänden, begünstigt freudefördernde Akzente.

Eltern können das Schulleben bereichern und die Schule zu einem Ort des Lebens und Erlebens machen. Schon das Verhältnis Lehrer-Eltern wirkt sich in der Einstellung des Schülers zur Schule aus. Dieses Verhältnis wird aber nicht alleine durch die obligatorische Klassenelternversammlung wachsen. Vielmehr sind hier neue kreative Wege einzuschlagen. Eine Intensivierung der Zusammenarbeit von Eltern und Lehrern ist eine notwendige Voraussetzung für eine Schule, die Freude macht.

Denkbar wären folgende Möglichkeiten:

- Die Eltern werden als Gäste in das Schulhaus eingeladen, um Schulalltage mitzuerleben;
- Einladungen zu Theateraufführungen, Spiel- und Bastel-

nachmittagen, Schulwanderungen und Ausflügen, Museums- und Ausstellungsbesuchen;
- Faschingsfeiern, Sommerfeste, Grillabende und Radtouren bieten reiche Möglichkeiten, das Verhältnis Schule-Elternhaus entscheidend positiv zu beeinflussen.

Mit den vielfältigen Begabungen der Eltern können zahlreiche Schüleraktivitäten unterstützt werden. Das Schuljahr bietet genügend Möglichkeiten, zu verschiedenen Unternehmungen ganz bestimmte Kenntnisse der Eltern anzuwenden. Bei Unterrichtsveranstaltungen könnten Eltern wichtige Dienste übernehmen, z. B. die Besorgung von Gegenständen, Kontakte zu verschiedenen Institutionen herzustellen, aber auch die Einbeziehung der Eltern in bestimmte Unterrichtssequenzen wäre denkbar.
Ein aktiv gestaltetes und pädagogisch geformtes, den emotionalen Grundbedürfnissen des Menschen Rechnung tragendes Schulleben bietet eine Fülle von Kontakmöglichkeiten und eignet sich vorzüglich, das Schulklima positiv zu beeinflussen, damit sich Eltern, Lehrer und Schüler in der Schule wohlfühlen können.

III. Freude als Erziehungsmittel?

1. Vorbemerkung

Ist der Mensch so träge und faul geworden, daß er unaufhörlich gewisser Dinge bedarf, um etwas zu tun, bestimmte Anreize benötigt, um zu handeln, oder Sanktionen fürchten soll, um etwas zu unterlassen, wozu es ihn von sich aus drängt? Braucht der Erzieher konkrete „Mittelchen", vielleicht sogar im Sinne von Arzneien, die er den zu Erziehenden verabreicht, damit das beabsichtigte Erziehungziel erreicht werden kann?
Da kommt doch wieder dieses Denken auf, daß der Mensch als zu formende Masse, der Lehrer und Erzieher als Formender, den Bogen zu einer Zweck-Mittel-Relation schlägt und die Idee der Freude, die im Menschen als Grundhaltung angelegt ist, mißbrauchen könnte, um unterrichtliche und erziehliche Zielsetzungen zu verwirklichen.
„Um die Frage, mit welchem Recht man in der Erziehung überhaupt von ‚Mitteln' sprechen darf, ist lange und oft gestritten worden. Man hat, nicht zu Unrecht, die Sorge geäußert, die Bezeichnung ‚Erziehungsmittel' bedeute nichts anderes als eine in Analogie zum handwerklichen Tun verstandene Materialbearbeitung. (...) Auf ein genau vorgeplantes Ziel hin werden einzelne Schritte abgestuft vorbereitet, dafür notwendige Mittel bereitgestellt und angewendet. Als ein

ähnlich planmäßig determinierter Prozeß werden auch Lehre, Bildung und Erziehung verstanden. Erziehungsmittel erscheinen dann, in Analogie zu handwerklich-technischen Geräten, gleichsam als Werkzeuge in der Hand des Erziehers, mit denen er an einem Objekt Handlungen vollzieht."[33]
Dieses behavioristische Denken hat lange Jahre in der Pädagogik dazu geführt, daß der Mensch seiner Individualität und Persönlicheit beraubt wurde. Man glaubte, alle Reaktionen auf bestimmte Reize reduzieren zu können, und verfiel schließlich in einen pädagogischen Optimismus, der fern von jeder Realität war.
„Gebt mir ein Dutzend gesunder, wohlgebildeter Kinder und meine Umwelt, in der ich sie erziehe, und ich garantiere, daß ich jedes nach dem Zufall auswähle und es zu einem Spezialisten in irgendeinem Beruf erziehe, zum Arzt, Richter, Künstler, Kaufmann oder zum Bettler und Dieb, ohne Rücksicht auf seine Begabungen, Neigungen, Fähigkeiten, Anlagen und Herkunft seiner Vorfahren."[34]
Der Charakter von Bildung und Erziehung weist einerseits tatsächlich auf Gestaltung hin. Der zu Erziehende verhält sich in einem bestimmten Ausmaß so, daß er den an ihn gestellten Erwartungen entspricht. Mit sichernden, unterstützenden, lenkenden Einwirkungen und gegenwirkenden Maßnahmen wird das Lernverhalten des Schülers bekräftigt, korrigiert bzw. sein Fehlverhalten unterbunden.
Andererseits handelt es sich bei dieser Art Formung nicht um ein Material, das willenlos und beliebig manipulierbar ist. Spontaneität und Kreativität kommen hinzu, die den Menschen von allen anderen Lebewesen abheben und zu seiner Entfaltung und Persönlichkeitsbildung beitragen.
Danach darf auch die „Freude" als Erziehungs-„Mittel" nicht absolut und einseitig verstanden werden, obwohl wir seit Seneca wissen, daß die Freude als Motor des Lebens aufgefaßt werden kann.
Wir hätten damit ein Allheilmittel gefunden, das in je unterschiedlicher Dosierung schlechthin alle Probleme mit schwer erziehbaren, erziehungsschwierigen und verhaltensauffälli-

33 Geißler, E. E.: Erziehungsmittel. Bad Heilbrunn 1982, a. a. O., S. 22
34 Watson, J. B.: Behaviorismus. Köln 1968, S. 123

gen Kindern und Jugendlichen, bei Lernstörungen und Lernbehinderungen lösen würde.
Der Lehrer und Erzieher müßte demnach „nur" in der Lage sein, abgesehen von den vielen Voraussetzungen, die bereits Erwähnung fanden, seinen Unterricht freudvoll zu gestalten, das Interaktionsverhältnis Lehrer-Schüler und Schüler-Schüler positiv zu formen und stets eine Atmosphäre des Vertrauens, der Geborgenheit und der gegenseitigen Anerkennung zu ermöglichen.
„Nur", wird sich mancher denken, der den Unterrichts- und Erziehungsalltag kennt, „nur" gibt es eben auch Schüler, deren Persönlichkeit so ausgeprägt zu sein scheint, daß man eher an Erziehungsmittel wie Ermahnung, Tadel oder allgemein an Strafe denkt, weil man auf Grund der Vorkommnisse überzeugt ist, daß gutes Zureden, positives Verstärken von gelegentlichen guten Ansätzen des richtigen Verhaltens oder Ignorieren von Fehlverhalten nicht die gewünschte Korrektur bewirken. Härte und Konsequenz sind geboten, um Grenzen abzustecken und den persönlichen Handlungsspielraum aufzuzeigen, in dem sich der einzelne bewähren kann.
Sicherlich ist, je nach individueller Disposition des einzelnen Schülers, auch diese Ansicht zu vertreten. Konsequenz und das Aufzeigen von Grenzen sind da unabdingbar, wo ein gemeinsames Miteinander und Füreinander eingeschränkt würden. Damit soll jedoch nicht gesagt werden, daß autokratische Momente in der Erziehung das gegenseitige Vertrauensverhältnis auf lange Zeit belasten müssen. Jeder Lehrer wird in seinem Erziehungsstil variierend fördernde und hemmende Erziehungsmittel wählen müssen, um das gewünschte Verhalten zu erreichen, deren Sinn und Absicht dem Schüler aber einsichtig gemacht werden müssen.
Kann man weiterhin überhaupt von „Freude" als einem Erziehungsmittel sprechen, da die Handlungen und Absichten des Lehrers doch auf emotionaler Zuwendung basieren, unterschiedlich empfunden und wahrgenommen, ja selbst unterschiedlich beurteilt werden?
Erziehungsmittel sind, so gibt Geißler Auskunft, „Maßnahmen und Situationen, mit deren Hilfe Erziehende auf Heranwachsende einwirken, in der Absicht, deren Verhalten, Einstellungen oder Motive zu bilden, zu festigen oder zu verän-

dern. Man zählt eigentlich seit jeher die Maßnahmen des Lobes und Tadelns, der Erinnerung und Ermahnung, der Strafe, schließlich die Situation des Spiels, des Wetteifers und der Arbeit zu den Erziehungsmitteln. Manche betrachten auch Gewöhnung und Gespräch, Beispiel und Vorbild als Erziehungsmittel (...). Weil bei den erwähnten Maßnahmen der Erzieher meist direkt auf das Kind einwirkt (er lobt, er straft), bei den aufgezählten Situationen dagegen nur indirekt (er bringt das Kind zum Spielen, zum Arbeiten), empfiehlt es sich, das eine Mal von direkten, das andere Mal von indirekten Erziehungsmitteln zu sprechen."[35]
Die Freude kann folglich, will sie als echte Freude verstanden werden, zu den indirekten Erziehungsmitteln gerechnet werden, nimmt jedoch keinen isolierten Platz innerhalb dieser methodischen Maßnahmen ein, sondern besitzt ihren Eigenwert und „läuft dabei", mit N. Hartmann gesprochen, irgendwie „quer hindurch". Nämlich durch alles Arbeiten im Hinblick auf – auch moderne – Unterrichtsformen (etwa Gruppenunterricht, Epochenunterricht usw.), Unterrichtsprinzipien (z. B. Aktivitätsprinzip, Gemeinschaftsprinzip usw.), Unterrichtsfächer (z. B. Leibeserziehung, bildnerische Erziehung usw.), Unterrichtsmittel (insbesondere Arbeitsmittel), Unterrichtsatmosphäre, Unterrichtsleben usw. Der Verfasser meint, daß es an der Zeit sei, wesentlich mehr als dies heute geschehe, den Blick auf dieses „Quer-hindurch" zu richten und nach weiteren Möglichkeiten zu suchen."[36]
Es ist noch gar nicht so lange her, da mußte man einst wie Diogenes mit einem Licht umhergehen, um in der Pädagogik den Begriff „Freude" zu finden. Negativdenken, kurz skizziert durch Angst-, Aggressions- und Frustrationstheorien, hat dazu beigetragen, total zu vergessen, daß die Freude zu den elementaren Grundbedürfnissen des Menschen gehört. Gerade deshalb muß wieder stärker versucht werden, die Freude als Veranlagung im Menschen zu fördern und ihr zu größeren Entfaltungsmöglichkeiten zu verhelfen.
Wenn man an die anthropologischen Grundlagen denkt, die

35 Geißler, E. E.: Erziehungsmittel. Bad Heilbrunn 1982, a. a. O., S. 22
36 Schramm, A.: Fruchtbare Unterrichtsgestaltung und Freude. Meisenheim am Glain, 1962, a. a. O., S. 2

zur Persönlichkeitsentfaltung beitragen, wenn man sich auf die Motive besinnt, warum Menschen so und nicht anders handeln, kommt geradezu der Wunsch nach Freude, nämlich Freude zu empfinden und Freude weitergeben zu wollen, in den Blickpunkt erzieherischer Überlegungen. Erziehung als Hilfestellung zur positiven Lebensbewältigung kann nicht ohne das „Mittel" Freude in der Erziehung auskommen. Freude ist eine Wesenseigenschaft des Menschen, ist Inhalt seines Lebens und Zielaspekt seiner Bemühungen.

2. Freude im Wechselspiel mit anderen Erziehungsmitteln

Erfahrbar kann Freude in der Schule dadurch werden, soll sie nicht gleich wieder wie ein auflodterndes Strohfeuer erlöschen, daß sie mit anderen Erziehungsmitteln gekoppelt wird. Wie sehr freut sich ein Kind über das Lob des Lehrers, den aufmunternden Blick, das vertrauensvolle Wort, die winzige Geste! Dem Schüler wird deutlich, daß ihm der Lehrer die gestellte Aufgabe zutraut, obwohl sie abstrakt und schwierig zu lösen ist. Für sie lohnt es sich, sich anzustrengen und alle Kräfte zu sammeln, um das in einen gesetzte Vertrauen zu rechtfertigen.

Freude als Erziehungsmittel wirkt dann positiv festigend, wenn man erkennt, daß das zuteilgewordene Lob nicht flüchtig, überschwenglich oder monoton erfolgte, sondern ein Zeichen echter Anerkennung ist, das von einer Person ausgeht, die als Autorität geachtet und geschätzt wird. Die eigene Leistung wird entsprechend honoriert, man kann darauf Bezug nehmen und darauf verweisen. Man sieht das Ergebnis seiner Anstrengung, den Lohn für seine Mühe. Freude erwächst aus der Anstrengung, aus dem Tätigsein, somit aus der Arbeit. Wie bedeutungsvoll diese Erkenntnis für die Pädagogik ist, hat A. S. Makarenko belegt. Er hat nachgewiesen, daß die Erziehungsmittel Arbeit und Freude in einem engen Verhältnis zu sehen sind und sich gegenseitig bedingen.

Als Leiter der Arbeitskolonie „Maxim Gorki" und ab 1929 als Verantwortlicher der Kinderkommune „Feleks Dzierzynski" war er der Ansicht, daß Erziehungsbestrebungen nicht ohne das Element Freude auskommen könnten. Er berief sich dabei nicht auf bedeutende Vorbilder aus der Vergangenheit, sondern wollte das Wissen praktisch umsetzen, das er aus präzisen Beobachtungen und seiner pädagogischen Erfahrung gewonnen hatte. Dabei erkannte er, daß Freude und Tätigsein wesentlich zukunftsorientiert sind.

„Ein wirklicher Antrieb im menschlichen Leben ist die Freude auf das Morgen. In der pädagogischen Technik ist diese Freude auf das Morgen einer der wichtigsten Gegenstände der Arbeit. Zuerst muß die Freude selbst organisiert werden; sie muß ins Leben gerufen werden, als eine Realität geschaffen werden. Sodann müssen die einfacheren Formen der Freude beharrlich in kompliziertere und menschlich bedeutungsvollere umgewandelt werden. Hier verläuft eine interessante Linie: von der einfachsten, primitivsten Befriedigung bis zum höchsten Pflichtbewußtsein."[37]

Organisiert wurde die Freude für den kommenden Tag, sodann wurden mehrere Feste in den Jahreskreislauf eingebunden, und schließlich wurde das Leben des einzelnen in den Ablauf der Feste und Feiern einbezogen.

Wenn man der Bedingungen eingedenk ist, die Makarenko vorfand, der Arbeit mit schwer Erziehbaren, mit dem Gesetz in Konflikt Geratenen, mit Wegelagerern und Raufbolden, muß man den kompromißlosen Anspruch, an jeden Menschen mit einer „optimistischen Hypothese" heranzugehen, höchst positiv bewerten.

Kinder und Jugendliche, die eine solche Vergangenheit hinter sich haben, blicken nicht optimistisch in die Zukunft. Ein Leben in der Kolonie, das von morgens bis abends nur durch Arbeit gekennzeichnet ist, wird für Sozialisationsmaßnahmen pädagogisch nicht geeignet sein. Folglich entwickelte Makarenko die Idee, daß das Leben in der Kolonie mehr Freude bereiten müsse als das ungezügelte Umherschweifen auf der Straße. Er begann, systematisch Elemente der Freude in das alltägliche Lagerleben einzuplanen, und verfolgte damit die Absicht, Rückbindungen an die Gemeinschaft zu erreichen.

37 Makarenko, A. S.: Werke, hrsg. von der Pädagogischen Akademie der Wissenschaften, Berlin 1964, Bd. V., S. 78 f.

„Das Leben des Kollektivs soll eben in diesem Sinne von Freude erfüllt sein, nicht von der Freude durch bloßes Vergnügen und sofortige Triebbefriedigung, sondern von der Freude auf die Arbeit und die Erfolge des kommenden Tages."[38]
Makarenko ließ seiner Phantasie freien Lauf, um die ihm Anvertrauten zu begeistern. Das Leben im Kollektiv wurde als ein großes Spiel organisiert, mit Befehlsträgern, Appellen, Meldungen und eigener Fahne, mit Theateraufführungen und Festen. Selbst die Arbeit wies Spielcharakter auf, und es wurde genau eingeteilt, was der einzelne innerhalb des nächsten Tages bewältigen konnte. Nach getaner Arbeit wurde wieder die Gemeinschaft gepflegt, es wurde geplant und gefeiert. Es wurde wieder an das Morgen gedacht, an die Zukunft. Freude ist nicht geschuldet, sondern stellt eine Aufgabe dar, die es zu bewerkstelligen gilt. Wir können nicht auf eine gute Stimmung warten, sondern müssen selbst negativen Dingen noch positive Seiten abzugewinnen versuchen. Deshalb ist es notwendig, die Augen zu öffnen, darüberhinaus zu schauen, mehr zu sehen.
Die Vermittlung einer positiven Lebenseinstellung, die grundsätzlich zum Erziehungsbestreben gehört, kann nur angebahnt werden, wenn Erfolgserlebnisse und positive Eindrücke aufgesogen werden, die sich aus Aktivität ergeben.
Gerade bei der Korrelation Arbeit-Spiel-Freude wird explizit, mit welcher Anstrengungsbereitschaft Kinder, Jugendliche und selbst noch Erwachsene damit beschäftigt sind, vorhandene Fähigkeiten und Fertigkeiten weiter auszubilden.
Mehrere Stunden Anstrengung täglich werden nicht selten in Kauf genommen, um die Rückhand beim Tennis, die Angabe beim Tischtennis, das Abspiel beim Fußball, das Lernen einer Theaterrolle usw. einzuüben, weil man sich davon Erfolg verspricht. Gelingt einem dann der entscheidende Treffer, das ausschlaggebende Tor, wird man von den Zuschauern beklatscht, sind alle Anstrengung und Mühe vergessen. Jubel und Freude sind der Lohn für die große körperliche oder geistige Anstrengung.
Kinder müssen spielen, um ihre Begabungen voll zu entfalten.

38 ebenda, S. 44

Selbst Jugendliche und Erwachsene spielen gerne, nutzen das Spiel als spezifische Ausdrucksmöglichkeit menschlicher Kreativität und Phantasie und bekunden damit, daß das Spiel als anthropologische Grundgegebenheit freudeverheißend und damit pädagogisch sehr relevant ist. Im Spiel werden Erfahrungen vermittelt: Farben, Formen und die eigene Körperlichkeit werden im Sehen, im Fühlen und Erleben Wirklichkeit. Wir lernen im Spiel, Realität zu gestalten, an ihr zu partizipieren und sie zu verändern. Im Spiel können vorweggenommene Situationen spielerisch, d. h. ohne den Charakter der Ernsthaftigkeit, ohne die Gefahr einer Sanktionierung, bewältigt werden, die in einer vielleicht wiederkehrenden Alltäglichkeit dann weniger problemgeladen sind. Spiel bereitet Freude und gehört ebenso wie diese zur humanen „Grundausstattung".

Auch in der Schule wurde im Unterricht mehr und mehr dazu übergegangen, Lerninhalte spielerisch zu erarbeiten und zu festigen. Die Antizipation des Erfolgserlebnisses diente dabei als Triebfeder.

Übungsstunden in Rechtschreiben und Sprachbetrachtung erfordern vom Lehrer eine exakte Planung, in die das Wissen um individuelle Schwächen und Stärken, Überlegungen zu Verlaufsmotivationen, das Vorhandensein von zusätzlichen Medien usw. einbezogen werden müssen.

Spezielle Übungsstunden sind notwendig, um wichtige Regeln in der Rechtschreibung, im Satzbau, in den Grundrechenarten zu sichern.

Selten gehen Schüler Übungsaufgaben freudig an, selten setzen sie ihre ganze Aktivität ein, um einen isolierten Rechtschreibfall, eine grammatische Ausnahme oder die Struktur und den Aufbau einer Sachaufgabe intensiv zu üben, so daß sie am Ende der Unterrichtseinheit stolz auf die erbrachte schulische Leistung sein könnten.

Von seiten des Unterrichtenden müssen bisweilen Erziehungsmittel, wie Ermahnung, Tadel, Kritik, Aufmunterung oder sogar Androhung einer Ordnungsmaßnahme, gewählt werden, damit die zu erledigende Arbeit sorgfältig und gewissenhaft ausgeführt wird. Der Anreizcharakter des Neuen fehlt.

Selbst wenn der Lehrer in seinen Übungsformen variiert, die

Notwendigkeit des zu übenden Lerninhalts aufzeigt und damit an die Einsicht der Schüler appelliert, wird es immer noch vorkommen, daß einige aus der Klassengemeinschaft unwillig sind und stören.
Sicherlich anders verhält es sich, wenn die Aktivitäten im Unterricht mehr auf Schülerseite liegen, der Lehrer also in den Hintergrund tritt. Aufgabe des Lehrers bleibt, den Rechtschreibfall vorzustellen, auf Probleme und Schwierigkeiten hinzuweisen und individuelle Lösungshilfen anzubieten. Nach einer eingeschulten Vorgehensweise versuchen sich die Schüler an den einzelnen Übungsstationen:
Die Übungseinheit ist so aufgebaut, daß sie mit einem „Zirkel-Training" im Sportunterricht verglichen werden kann. Die Tische und Stühle werden zu einzelnen Stationen gruppiert, die durch einen je unterschiedlichen Schwierigkeitsgrad gekennzeichnet sind. Es werden Aufgabenstellungen in Form von Karteikarten abgelegt, die fortlaufend numeriert wieder ein höheres Abstraktionsniveau abverlangen. Wurde das Aufgabenpensum der Reihe nach gelöst, kann das Ergebnis der Bemühungen sofort auf einem Lösungsblatt kontrolliert werden, das sich in einem Briefumschlag auf den Arbeitstischen befindet. Erfährt der Schüler eine Erfolgsbestätigung, kann er sich zur nächsten Station begeben, die in ähnlicher Weise Arbeitstechniken abverlangt, die zur Festigung des Lerninhalts dienen. Bleibt die Erfolgsbestätigung aber aus, sind auf der Rückseite des Lösungsblatts Hinweise zu den einzelnen Lösungsschritten zu finden, die dann erneut in Angriff genommen werden können. Auf diese Art und Weise werden in einem genau festgelegten zeitlichen Rahmen individuelle Aufgabenstellungen angeboten, wobei der Lehrer als Hilfe bei Schwierigkeiten zur Verfügung steht. Es obliegt dem Schüler, auf der Basis der flexiblen Leistungsdifferenzierung, seine Fähigkeiten selbst einzuschätzen, indem er entweder rein reproduktiv arbeitet, weil er Schwächen beheben will, oder Produktivität und Kreativität entwickelt, indem er neue Formen entwirft, z. B. den Text für ein Kreuzworträtsel, das dann von den Klassenkameraden zu lösen ist.
Eine intensive Auseinandersetzung mit dem Lehrinhalt, die vom Lehrer vorbereitet und indirekt gelenkt wird, vom Schüler aber unter Anstrengungsbereitschaft ausgeführt wird, birgt

notwendigerweise Erfolgserlebnisse in sich. Aus dem Tätigsein erwächst Freude.
Natürlich darf nicht jede Übungsstunde nach dem gleichen Schema geplant und durchgeführt werden, da ja die Abhängigkeiten von Intentionen, Themen, Verfahren, Medien und Lernvoraussetzungen gegenseitige Berücksichtigung finden müssen.
Bedenkt man all die Funktionen des Spiels im Unterricht und in der Erziehung, wird explizit, daß das Spiel nicht als dekoratives Anhängsel oder nur als erholsame Unterhaltung angesehen werden darf. Spielen ist, wie Argumentieren oder Entdekken, mit Anstrengung und Schweiß verbunden, stärkt und festigt aber auch, wenn man einem verlorenen Spiel konstruktive Elemente zu entnehmen weiß.

3. Freude als Wirkfaktor der Unterrichtsgestaltung

Überall da, wo sich die Interessen der Schüler mit den Lehr- und Lerninhalten schneiden, wo Fragestellungen aufgeworfen werden, die zu einer Beantwortung reizen, wo Eigeninitiative gefordert wird, werden Kräfte freigesetzt, die es im Sinne von Makarenko zu „organisieren" gilt.
Von ausschlaggebender Bedeutung wird auch wieder der Lehrer als Dreh- und Angelpunkt zur Vermittlung von Freude sein, der es versteht, Begeisterung zu wecken, Überraschungsmomente einzuplanen und zum Staunen anzuregen.
Praktiker wissen, daß sogar ganze Schulklassen ihr Lernverhalten ändern, wenn der Lehrer durch seine Persönlichkeit, seine Ausstrahlung und sein Engagement bewirkt, daß aus einer ruhigen Klasse eine temperamentvolle, einer gut disziplinierten eine undisziplinierte, einer aktiven Klassengemeinschaft eine in Cliquen aufgespaltene informelle Gruppe werden kann.
Es kommt nicht nur darauf an, wie sachkompetent der Lehrende seinen Unterrichtsstoff zu vermitteln vermag, sondern welche Einsatzfreude, welches Engagement dabei ersichtlich werden. Humor und Spritzigkeit, Witz und Ausdauer, Geduld und Optimismus, aber auch Arbeitsdisziplin und Strenge för-

dern und fordern die Leistungsbereitschaft der Schüler. Der Optimismus, der kritisch-konstruktive Blick in die Zukunft, der Mängelerscheinungen in unserer Zeitsituation erkennt und sie zu beheben versucht, sind notwendige Voraussetzungen für eine Unterrichtsgestaltung, in der Freude als Erziehungsmittel deutlich wird. Lehrer müssen Optimisten sein, wenn sie Erziehung als Hilfestellung zur Bewältigung des gegenwärtigen und zukünftigen Lebens verstehen wollen, denn Pessimisten, griesgrämige, introvertierte Menschen haben keinen positiven Einfluß auf junge Menschen, die sich nach Zuneigung, Anerkennung und Wärme sehnen. Solche Lehrer lieben sie nicht, und sie werden nicht als Vorbilder angenommen. Sie schaffen keine Zukunftsperspektiven, darben im Dunkeln und scheuen jeden Freudenstrahl, der ihnen ein Lächeln oder ein gutes Wort entlocken würde.

Die gemachte Aussage mag vielleicht zu euphorisch klingen, und so mancher wird sich überlegen, ob Optimismus in unserer Zeit überhaupt noch gefragt ist. Optimisten werden oft mit Leuten verwechselt, die mit einer rosaroten Brille, „blauäugig" und realitätsblind durch das Leben taumeln, ohne die Ängste und Bedrohnisse zu sehen. Werden sodann noch Lehrer so bezeichnet, ergibt sich ein komischer Beigeschmack, der nicht recht zu den üblichen Assoziationen zu Leben und Schule passen will.

Freude als Erziehungsmittel kommt nicht ohne die optimistische, positiv gestaltete Sichtweise der Gegenwart und Zukunft des Lebens aus. Würde man mit einer dunklen Hornbrille vor den Augen „zugeknöpft" und allem Positiven abgewandt, das sich im Leben ereignet, sein Dasein fristen wollen, würde jeder Tag zur Qual, zur ständigen Auseinandersetzung und zur Isolation führen, da man jederzeit und überall Gefahren und Komplikationen fürchten müßte.

Optimismus ist die positive Einstellung zum Leben, zu sich selbst, zur Gesellschaft und Kultur, eine Einstellung, die nicht lähmt, sondern Auftrieb und Aufschwung ermöglicht, weil man das Schöne und Freudvolle gerade wegen bestehender Mißverhältnisse erhalten will. Ohne Tätigsein, ohne Mit- und Umgestalten von Verhältnissen, für die es sich anzustrengen lohnt, verliert man sich in Passivität und Selbstmitleid. Der Mensch ist Schöpfer und Geschöpf der Kultur.

Mit- und Umgestalten erfordert Energie, ist oft unbequem, mit vielen Mühen verbunden und reizt nicht selten diejenigen zu Vorwürfen bei Nichtgelingen, die in ihren breiten Sesseln sitzen, alles besser wissen und nichts falsch zu machen glauben, weil sie erst gar nichts (Konstruktives) tun.
Aber auch Aktivität kann, wirkt sie nicht ansteckend und fördernd, Einseitigkeit hervorrufen und die Freude im Unterricht mindern.
In unserer Zeit werden zu viele mediale Impulse als Motivationsform gewählt, werden vom Lehrer Modelle erstellt, Filme herbeigeschafft, Diareihen sortiert, Arbeitstransporte angefertigt, Arbeitsblätter angeboten und haufenweise Folien beschriftet, um Lerninhalte darzustellen, Sachzusammenhänge zu verdeutlichen, Erbegnisse zu sichern. Lehrervorträge im darbietenden Unterricht, ein kurzer Wechsel in den Sozialformen und Informationsblätter sorgen dafür, daß die Erarbeitungsphasen in den geplanten Unterrichtssequenzen nicht den zeitlichen Rahmen sprengen, bevor eine Extemporale oder Schulaufgabe den zu wissenden Lernstoff abfrägt. Nach Herausgabe der korrigierten Arbeit werden noch die häufigsten Fehler besprochen, bevor dann das neue Stoffgebiet vorgestellt wird. An Faktenwissen war nicht abfragbar, was einen emotional berührte, was bei der Entwicklung des richtigen Lösungswegs unheimlich viel Zeit erforderte, kurz: was aufgrund der eigenen Anstrengung und der einsichtigen Betätigung zum gewünschten Ziel führte, was überraschte und für möglich gehalten wurde.
Je intensiver sich die Schüler mit einer Thematik beschäftigen, bei der sie selbst Lösungswege finden und planen müssen und auf Schwierigkeiten stoßen, die momentan unüberwindbar erscheinen, desto größer wird die Freude über die geleistete Arbeit sein, wenn die Themenstellung zum Abschluß kommt.
Das Erziehungsmittel „Freude“ korreliert folglich mit einer am Schüler orientierten Unterrichtsgestaltung, die aus der Passivität, dem bloßen Zuhören und Vorstellungsvermögen herausführt und zu gemeinsamer Aktivität anleitet. Dabei bedarf es keiner theatralischen Inszenierungen durch den Lehrer, keiner außergewöhnlichen, zeitaufwendigen Ideenkonstruktionen, die den Lernenden von Minute zu Minute ver-

blüffen und nicht mehr Zeit zum Nachdenken, zum Hinterfragen der kausalen Zusammenhänge lassen.
Unbestritten ist diese Art der Unterrichtsgestaltung interessant und für die Schüler motivierend. Sie sind gespannt, welche neuen Ideen und technischen Tricks dem Lehrer noch einfallen, um zur Erarbeitungs-, Lösungs- oder Sicherungsphase überzuleiten. Doch ebenso schnell werden Einzelheiten wieder vergessen, und es bleibt der weithin gelenkte, bis ins Detail geplante Unterrichtsvollzug, der Zwischenmeldungen, Ermüdungserscheinungen oder themenvorgreifende Fragen weitgehend unberücksichtigt lassen muß!
Schülerorientierter Unterricht, der der Freude am Lernen und somit der Erziehung Rechnung trägt, muß sich nicht auf die Gestaltung des Teils des Schullebens beschränken, in dem großartige Feierlichkeiten, Feste und Veranstaltungen geplant und durchgeführt werden, damit die Schule Spaß und Freude bereitet.
Vielmehr ist der Unterricht selbst, wird er an den anthropologischen und soziokulturellen Lernvoraussetzungen ausgerichtet, ein Mittel der Erziehung, in dem unter Anstrengung gearbeitet, Erfolg, Selbstbestätigung und Freude erlebt wird.
„Am freudigsten und am besten wird dort gelernt, wo das Selbsttundürfen und das Selbsttunmüssen in eigener Verantwortung alles Lernen bestimmen".[39]
Verantwortung für etwas oder jemanden erfordert Arbeitstugenden, wie Zuverlässigkeit, Durchhaltevermögen, Ausdauer, Konzentration und Fleiß. Jede Selbsttätigkeit und Selbstständigkeit, die dem Kind einen Erfolg ermöglichen, sind mit Freude verbunden und verstärken seine Aktivität. Freude am eigenen Tun ist die Voraussetzung für die Ausdauer am Tun.

4. Humor und Freude – die Erziehungsmittel schlechthin?

„Menschen, seid menschlich, das ist eure vornehmste Aufgabe! Seid menschlich gegen jeden Stand, gegen jedes Alter, gegen jeden, der Menschenantlitz trägt. Welche Weisheit gibt

39 Engelmayer, O.: Psychologie des schulischen Alltags, München 1960, S. 88

es noch außer der Menschlichkeit? Liebt die Kindheit, fördert ihre Spiele, ihre Freuden, ihr liebenswürdiges Wesen! Wer von euch hat sich nicht manchmal nach dem Alter zurückgesehnt, in dem das Lachen immer um die Lippen spielt und der Friede immer in der Seele wohnt? Warum wollt ihr den unschuldigen Kleinen den Genuß dieser kurzen und flüchtigen Spanne und ein so kostbares Gut, das sie nicht mißbrauchen können, rauben?"[40]

Freude und Humor in der Erziehung können nicht als die alleinigen, alle anderen ersetzenden Erziehungsmittel schlechthin bezeichnet werden, selbst wenn man um ihre allumfassende, tiefgreifende, ansteckende und nach außen drängende Wirkung weiß. Die Freude und der Humor sind ihrem Wesen nach so spezifisch menschlich, vertrauensfördernd, entspannend, auflockernd, ja manchmal sogar anstrengend, daß die Lachmuskeln schmerzen. Freude als direktes Erziehungsmittel ist nur sehr schwer realisierbar. Mann kann nicht einfach Freude „machen" und schon gar nicht „sich freuen müssen". Damit würde die Freude wieder schnell unter die Kontrolle des Menschen fallen, verplant und wahrscheinlich auch mißbraucht werden. Freude als Geschenk, das nicht geschuldet ist, sondern sich in Verbindung mit Menschen, aus Inhalten und Situationen ergibt, bereichert das Leben in der Schule. Beschreibungen wie „Heute war die Schule schön", „Heute hat der Unterricht Spaß gemacht", „Heute war der Lehrer lustig", belegen, daß das Kind in der Schule und im Unterricht Freude erlebt hat, daß es etwas gelernt hat, was vielleicht wesentlich mit zur Daseinsbewältigung und Zukunftsorientierung beitragen könnte. Wie ungern denkt man an Situationen zurück, in denen man kalte Hände bekam, die angst- und ärgergeladen waren, die dazu führten, daß man Abscheu vor dem nächsten Schultag empfand. Es gibt Tage im Schulleben, da geht alles schief, da bekommt man trotz Lernens und der Sicherheit, den Stoff beherrscht zu haben, schlechte Leistungsbeurteilungen. Man schiebt die Schuld auf die äußeren Umstände, das Aufstellen der Schultaschen, die drohenden Worte des Lehrers, die vom

40 Rousseau, J.-J.: Emil oder über die Erziehung. Vollständige Ausgabe in neuer deutscher Fassung von L. Schmidts, 6. Aufl. 1983, S. 55

Abschreiben abhalten sollten. Ermahnungen und Tadel, pädagogische Todsünden und vieles mehr fallen einem ein. Aber Jahre danach erinnert man sich in der Regel an positive Eindrücke, an wohlwollende Menschen, an Freunde und gemeinsame Aktionen, sicherlich auch an Streiche, die zur Belustigung aller beigetragen haben.
Humor und Freude, entstammen sie der pädagogischen Absicht des Unterrichtenden und sind sie Ziel seiner Bemühungen, bewirken Freude und Aufgeschlossenheit beim Schüler und tragen dazu bei, daß die üblichen, althergebrachten Erziehungsmittel weniger oft gebraucht werden müssen.